浙江省"十四五"普通高等教育本科规划教材

知识图谱版

APPRECIATION
OF LONGQUAN
CELADON ART

龙泉青瓷
艺术赏析

第二版

季忠苑　周　莉　主　编

陈小俊　竺娜亚　周晓峰　刘　莹　副主编

ZHEJIANG UNIVERSITY PRESS

浙江大学出版社

·杭州·

图书在版编目（CIP）数据

龙泉青瓷艺术赏析 / 季忠苑，周莉主编. -- 2版. --
杭州：浙江大学出版社，2025. 5. -- ISBN 978-7-308
-26150-0

Ⅰ. K876.34

中国国家版本馆CIP数据核字第2025504FV0号

龙泉青瓷艺术赏析（第二版）
LONGQUAN QINGCI YISHU SHANGXI（DI-ER BAN）

季忠苑　周　莉　主编

责任编辑	陈丽勋	
责任校对	徐　霞	
封面设计	春天书装	
出版发行	浙江大学出版社	
	（杭州市天目山路148号　邮政编码310007）	
	（网址：http://www.zjupress.com）	
排　　版	杭州林智广告有限公司	
印　　刷	杭州捷派印务有限公司	
开　　本	787mm×1092mm　1/16	
印　　张	8.5	
字　　数	140千	
版 印 次	2025年5月第2版　2025年5月第1次印刷	
书　　号	ISBN 978-7-308-26150-0	
定　　价	48.00元	

序

　　《龙泉青瓷艺术赏析》是季忠苑教授组织部分陶艺教师编写的一本本科生通识教育教材，也是面向大众的普及类青瓷读本，同时也是浙江省"十四五"普通高等教育本科规划教材项目、浙江省普通高校"十三五"新形态教材项目、全国普通高校中华优秀传统文化传承基地——青瓷基地以及2011年浙江省龙泉青瓷协同创新中心的成果。

　　该教材最大的特点在于引导学生在对龙泉青瓷历史发展的史实阅读中，有选择、有重点地加深对龙泉青瓷经典作品的认识和理解。该教材将经过选择的一系列经典作品放在相应的历史背景中进行图说，使历史轨迹与作品的生成有机融合、相互架构，让学生在历史与社会、文化与民生的环境变化中，掌握龙泉青瓷工艺技术与创作艺术不断更迭的由来。因此，该教材在引导学生进行赏析时，不是仅仅着眼于对青瓷作品在视觉感受上的形式分析与理解，而是有意识地站在历史与文化的高度为学生建立一种多元与立体的审美视角。

　　该教材是从对龙泉青瓷的认识开始的。从常识起步，这对没有接触过龙泉青瓷的学生来说，尤为必要。该教材通过对龙泉青瓷窑址考古的介绍，对青瓷制作工艺特征的阐释，和对民间青瓷典故传说的叙述等展现了龙泉青瓷的面貌。尤其是对龙泉青瓷工艺特征的阐释，着墨较多，且精准明了。这些都帮助学生为进入龙泉青瓷赏析阶段做好常识性、基础性和感觉性的知识准备，非常符合通识教育的课程学习特征。

另外，该教材在最后还为学生设置了了解当代龙泉青瓷产业创新发展的一章，详尽地介绍了龙泉青瓷的产业结构、工艺设计、艺术价值、文化影响等方面的情况。这为学生展示了一个宽阔的未来视野，即龙泉青瓷作为联合国教科文组织非物质文化遗产代表作，作为中华民族的优秀传统文化与经典遗产，不仅具有丰厚而绵远的文化历史脉系，而且还有着无限广大的发展空间和旺盛持久的生命活力。由此激发起学生的文化自信与文化自觉，乃至文化担当与文化使命。

作为一本新形态教材和知识图谱教材，我认为该教材找到了自身的特色，图文并茂，每个部分都穿插相应的数字学习资源。相信该教材在使用中能发挥较好的教学效果，取得令人满意的教育成果，并得到不断完善与补充。

丽水学院中国青瓷学院前院长　周绍斌
2025 年 4 月

目录

认识龙泉青瓷

第一章

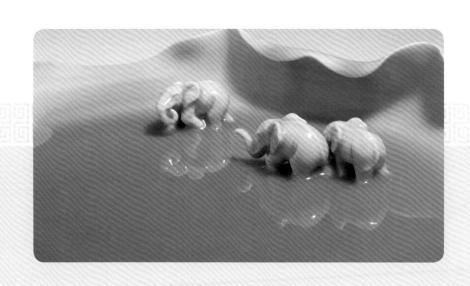

第一节　龙泉青瓷概要

哥窑和弟窑

雪拉同、祭碗窑

龙泉青瓷
窑址简介

包含

龙泉青瓷历史

包含

龙泉青瓷
历史沿革

包含

包含

相关

龙泉青瓷典故

早期初创：
三国至五代

递进

繁荣发展：北宋

递进　包含

递进

龙泉青瓷典型器赏析

包含

递进

国营瓷厂

包含

包含

包含

包含

走向巅峰：南宋

包含

递进

复苏返青：民国

迅猛扩张：元明

递进

递进

步入式微：清代

知识图谱：龙泉青瓷概述

龙泉青瓷概述

龙泉青瓷以瓷质细腻、线条明快流畅、造型端庄浑朴、色泽纯洁而著称于世，素有"青如玉，明如镜，声如磬，薄如纸"之称，为瓷中之宝，珍奇名贵。龙泉青瓷以铁为主要呈色剂，釉面基本色调呈青绿色，主要分为两种类型：一种是白胎、灰白胎（朱砂胎）青瓷，称"弟窑"或"龙泉窑"；另一种是釉面开片的黑胎青瓷，称"哥窑"青瓷。

龙泉青瓷的传统釉色以"粉青""梅子青"著称。（图1-1）现代的龙泉青瓷在继承和仿古的基础上更有新的突破，成功研制了紫铜色釉、高温黑色釉、虎斑色釉等釉色。在装饰设计上，有"青瓷薄胎""青瓷玲珑镂刻""青瓷釉下彩""象形开片""文武开片""青白釉结合""哥弟窑结合"等。

问瓷

龙泉青瓷温润如玉，具有玉文化的内涵，被誉为人工制造的美玉。中国古代《诗经》中有"言念君子，温其如玉"之说，将有德之人喻为玉。龙泉青瓷釉色与自然界青绿色调相融合，符合"道法自然"的古典审美理想。（图1-2）

在中国制瓷史上，最早出现的瓷器是青瓷。中国的原始青瓷始于商代，至东汉烧制出成熟青瓷。浙江是青瓷的发祥地，龙泉窑是青瓷窑系的杰出代表。根据出土文物推测，龙泉青瓷可能始

左　宋代粉青鬲式炉／现藏于故宫博物院
右　宋代梅子青鬲式炉／现藏于日本清净光寺
图1-1　宋代粉青和梅子青釉鬲式炉

龙泉窑历史沿革

烧于公元 3 世纪，而据窑址考古调查判断，龙泉青瓷至迟于唐五代逐渐形成自身特征，北宋开始迅速发展，南宋登峰造极，元代迅猛扩张，明代早期持续繁荣，明代中后期至清代逐渐衰退，民国时期渐渐复苏。新中国成立以后走向中兴。

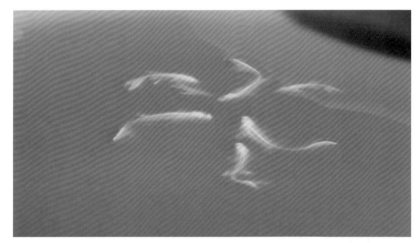

图 1-2　龙泉青瓷温润如玉的釉色 / 现代 / 李震作品局部

第二节　龙泉青瓷窑址

中国近代田野考古学家陈万里先生说："一部中国陶瓷史，半部在浙江；一部浙江陶瓷史，半部在龙泉。"龙泉青瓷传统烧制技艺一直延续至今，目前已发现的龙泉窑址有 600 多处，其中龙泉境内有 398 处。（图 1-3）龙泉窑是中国陶瓷史上窑址数量最多、窑业规模最大、销售范围最广的青瓷名窑。历史上，龙泉青瓷随国际商贸和文化交流，流布于全球 50 多个国家和地区，在国内外具有深远的影响。2009 年 9 月 30 日，龙泉青瓷传统烧制技艺正式入选联合国教科文组织的非物质文化遗产代表作名录，成为当时世界上唯一入选"非遗"的陶瓷类项目。

龙泉窑窑址简介

左　龙泉南区大窑的大窑垟窑址
右　龙泉东区的安仁窑址
图 1-3　龙泉古窑址现场

　　龙泉窑主要发端于龙泉南区大窑、金村、黄石玄一带，以龙泉为中心，历经宋、元、明等朝代的发展，窑址已遍及龙泉境内沿溪各地以及庆元、云和、莲都、遂昌、缙云、永嘉乃至福建浦城等县（市）部分地方，形成了历史上罕见的庞大瓷窑体系。各窑口的生产工艺及产品风格均与龙泉"弟窑"产品一致，因此统称为"龙泉窑系"。

第三节　龙泉青瓷特征

龙泉青瓷传统烧制技艺是以当地紫金土、瓷土等为制坯原料，利用拉坯、模范等技术成型，家传配釉方法制釉并施厚釉，最后用窑炉高温（1250 ～ 1280℃）烧制青瓷的一种传统技艺，具有制作性、技能性和艺术性特征，包含以下四个方面的独特技术。

1. 青釉配制技术

制釉的主要原料为紫金土、瓷土、石英、石灰石、草木灰等。配制过程是将上述原料分别焙烧、粉碎、淘洗后按比例混合制成釉浆。好的釉料配方需要经过数百次试验才能成功，多以师徒或家族相传，秘而不宣。

2. 厚釉装饰技术

厚釉装饰技术采用多次施釉的方法，将坯体晾干、素烧、施釉，然后再素烧、施釉，如此反复三至四次，最后烧制出温润如玉的厚釉青瓷。（图 1-4）青瓷装饰技法还有刻花、划花、印花、贴花、剔花、镂空、捏塑、堆塑、点彩、露胎等。

3. 青瓷烧成技术

龙泉青瓷的烧成过程分烘干、氧化、恒温、还原、高火氧化、降温六个阶段。厚釉青瓷烧成难度大，温度偏高或偏低，都达不到如玉的效果。艺人们借助火照，结合火焰颜色及其他长年积累的经验控制烧成温度、时间与气氛。

唯美标杆：中国
青瓷技艺特征

4. 开片控制技术

开片控制技术主要是利用胎釉膨胀系数不同，控制胎的配方，同时配以热胀冷缩的技术处理，使釉面开片或不开片，开大片或开小片，产生冰裂纹、鱼鳞纹、蟹爪纹等象形开片的艺术效果。（图1-5）

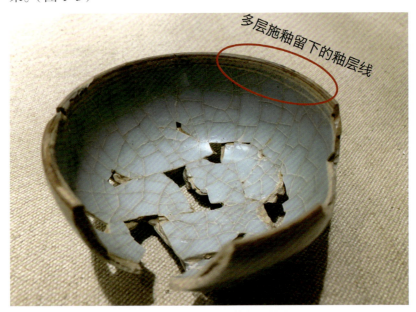

多层施釉留下的釉层线

图1-4 南宋多层施青釉碗残件／现藏于龙泉青瓷博物馆

图1-5 哥窑冰裂纹大挂盘／现代／叶小春

第四节 龙泉青瓷典故

1. 哥窑、弟窑

北宋末年，宋徽宗、宋钦宗为金军所俘，史称"靖康之变"。宋室逃离北方南渡后，建立南宋，定都临安。传说由于宋室南渡时金银器皿遗失无数，于是便在江南寻找良工巧匠，以制作宫廷御用器物，其中就有龙泉的章生一、章生二两兄弟。兄弟俩是龙泉青瓷大匠章有福之子。大哥生一生性沉默寡言，勤劳肯干；小弟生二聪明好学，心灵手巧。平日里他们一见到父亲制坯做碗，捏龙塑凤，就目不转睛地学着做，深得其父真传。

由于积劳成疾，章有福未过花甲之年就驾鹤西去。临行之前，他把两个儿子叫到床前说："我这一生遵循祖法烧制青瓷无数，只有一个遗憾，就是未能将青瓷技艺更进一步，希望你们兄弟俩能齐心协力，将章家的瓷业做大，走出先人未走之路。"

兄弟俩料理好后事，章生一对章生二说："父亲遗愿我们不敢相忘，但走先人未走之路必定坎坷，而我们章家的老窑不可断绝，父亲留下的窑你且继承，继续做我章家原有之青瓷，我于河边另起一窑，试制新瓷好完成父亲的遗愿。"章生二自然不忍大哥如此牺牲，但长兄如父，章生一执意要将家传老窑让给弟弟，章生二无奈之下只好同意，继承了章有福留下的琉田半山老窑，而章生一则在老窑二里开外的河边新设一窑。

改良之路岂是说走就能走通的，试验了一年多，章家兄弟也还是没有改良烧制出更好的青瓷，但章家兄弟都是倔强的人，父亲的遗愿怎么能够放弃？两人都在努力地坚持着。

正在此时，南宋宫廷听说了龙泉琉田村章家瓷器的精美，于是派遣使者向章家两兄弟下达诏书，让他们呈贡一批青瓷，以作御用。章家兄弟不敢怠慢，夜以继日地制作青瓷。

龙泉青瓷传统
龙窑烧制技艺活动

这天傍晚，章家兄弟把做好的青瓷坯子放入龙窑中烧制之后，突然天降大雨。章生一想到弟弟的龙窑是在半山腰上循山势而建的，过去父亲在的时候每逢如此天气，便要加固龙窑，以防山石滑落，更要疏通水渠，防止流水浸入窑中。章生一到了弟弟的窑边，龙窑在两兄弟的齐心努力下没有被这场大雨毁坏，章家两兄弟心里的石头总算落下了。

章生一看到弟弟的窑已经没什么事了，就回到了自己二里开外的窑里。只见龙窑上方挡风遮雨的瓦棚上面，各种瓦片被风吹得七零八落，一点一点的雨水顺着缝隙滴到龙窑上，堆在旁边的柴火也被雨水打湿了，炉膛里的火也是忽明忽暗……见此情景，章生一一阵黑昏，这可是几个月的心血，朝廷诏令的期限马上就要到了，再重新制作一窑已经不可能了。无奈之中，章生一只好硬着头皮继续烧，期待老天爷能开开眼，让这窑青瓷不出问题。

时间很快就过去了，章生一颤抖着打开了匣钵的盖子，只见新鲜出炉的青瓷在阳光下熠熠生辉，章生一心里一阵激动。这些青瓷看起来似乎没什么问题，但是当他仔细一看，顿时心如死灰，只见这些青瓷的釉面开出了一道道裂纹，如同蜘蛛网一般交织在整个青瓷之上。章生一不死心，将所有的匣钵全都打开，结果几乎所有的青瓷都是这样，他绝望地跌坐在地上。

章生二闻讯赶来，看到哥哥这满地的开片青瓷，大吃一惊，不禁痛哭流涕。朝廷的使者马上就要来带走这些青瓷了，这些"废品"青瓷又如何向朝廷交差呢？

上呈了这些有瑕疵的贡瓷后，一日，朝廷的使者队伍浩浩荡荡地来到了门外，使者见到章家兄弟，却格外高兴，他对章家兄弟说道："皇上对你们兄弟俩做的青瓷格外喜欢，尤其是章家大哥做的青瓷，上面的隐纹如蟹爪如鱼子，别有趣味，前所未见。"章家兄弟终于如释重负。使者又好奇地向章家兄弟询问这青瓷纹路的制法，章生一苦笑连连，便将其中曲折向使者全盘托出，使者听完其中隐情，对章生一更为敬重，回宫以后即向皇帝禀告。皇帝听说此事之后，龙颜大悦，遂将章生一的开片青瓷命名为"哥窑"，将章生二的青瓷命名为"弟窑"。就这样，章家兄弟的瓷器一炮而红，从此名扬天下。

这就是哥窑、弟窑的传说，哥窑为开片青瓷，弟窑为不开片青瓷，真正的原因是哥窑青瓷在烧造过程中，胎、釉膨胀系数不一致，使得烧成之后的青瓷釉面布满像裂痕一样的纹路。

弟窑青瓷釉层丰润，釉色青碧，光泽柔和，晶莹滋润，胜似翡翠，以粉青、梅子青为显著特征。龙泉哥窑青瓷以瑰丽、古朴的纹片为装饰手段，如冰裂纹、蟹爪纹、牛毛纹、流水纹、鱼子纹等，加之其釉层饱满、莹洁，还有"紫口铁足"的特征，与釉面纹片相映，更显古朴、典雅。

哥窑、弟窑

2. 雪拉同

约在 1610 年，法国著名小说家杜尔夫的小说《牧羊女亚斯泰莱》被搬上了舞台。这是一个美丽而动人的爱情故事，讲述了美貌绝伦的牧羊少女亚斯泰莱爱上了英俊朴实的牧羊人雪拉同。当英俊少年雪拉同出场的时候，他身披一件翠绿色的斗篷，这个被人类共识为"五色之首"的绿色，让在场的观众欢呼雀跃，为之倾倒。那翠绿的色彩，把天性浪漫的法国人一下子带进了梦幻般的联想之中。立时，"雪拉同的斗篷"成为当时巴黎从上到下最为流行的服装颜色，雪拉同的扮演者也在一夜间成为年轻姑娘们心中的偶像。

就在法国人轻松、舒缓地将这支"绿色梦幻曲"弹奏了几十年后，1689 年至 1700 年，沿着"新航路"出发的第一艘远航中国的法国商船"昂菲得里特"号顺利返抵巴黎，当一箱箱的货物被搬下船，并在灿烂的阳光下开箱检验的时候，人们惊呆了，箱子里是一件件极其精美的、来自中国的青绿色瓷器。

法国人又一次为这种青翠欲滴的色泽所感动，其热爱程度几乎到了"癫狂"的地步。能用什么样的语言和恰当的词汇来形容它们呢？人们自然地就联想到了曾风靡法国朝野的"雪拉同的斗篷"。于是，怀着无比愉悦和敬仰的心情，法国人赋予了这批中国青瓷一个神圣而浪漫的名字——"雪拉同"。从这天起，"雪拉同"（英文celadon）就成了"中国青瓷"的专有名词，并且一直沿用到了今天。

3. 祭碗窑

有一个善良、美丽的姑娘叫叶青姬，她的父亲叶老大带领窑工们正为窑主烧制一批宫廷祭用瓷，但是，烧了一窑又一窑的瓷器，都不成功。眼看工期将至，窑主发怒，宫廷派来的监工更是恼羞成怒，扬言这最后一窑再不成功，就要把叶老大一家和所有窑工全部问斩。

善良、刚毅的叶青姬，为了拯救父亲、家人和窑工们，纵身祭窑。

雪拉同、祭碗窑

失去女儿的叶老大，强忍悲痛，对烧窑更加谨慎。终于，叶老大烧出了温润如玉、青翠欲滴、明滑透亮的青瓷。大家都说，这是叶青姬的化身，是她让他们烧出了如此精美的瓷器。为了纪念叶青姬，窑工们称她为"九天玄女"，世世代代供奉在自己的窑场里。同时，将贡品瓷器以龙泉方言称作"青瓷"，谐音"青姬"。

祭碗窑的典故说明人们对龙泉青瓷诞生之不易怀着无限崇敬，是创造者对创造物的虔诚神化，阐述了青瓷所隐含的神奇寓意。

第五节　龙泉青瓷成型工艺

模具成型

包含

包含

手工成型

龙泉青瓷成型工艺

递进

递进

龙泉青瓷装饰工艺

龙泉青瓷釉烧工艺

包含

包含

包含

装饰工艺

青瓷施釉
与烧成工艺

传统龙窑
烧制技艺活动

知识图谱：龙泉青瓷工艺

龙泉青瓷工艺

有关龙泉窑的生产工艺，明朝陆容在《菽园杂记》卷十四中做了概括的叙述："匠作先以钩运成器，或模范成形。候泥干，则蘸油涂饰。用泥筒盛之，置诸窑内，端正排定，以柴筱日夜烧变。候火色红焰无烟，即以泥封闭火门，火气绝而后启。"据文字记载和实地考察，龙泉青瓷的成型工艺主要采用拉坯、泥条、泥片、捏塑、模具五种。前面四种属于手工成型，模具成型则依靠模具来完成。每种工艺都有自己的特点，制瓷者只有掌握了它们的特性，才能选择最佳的成型工艺进行创作，如拉坯成型多用于圆形器，泥条成型多用于大件器物，泥片成型多用于镶器，捏塑成型多用于随性自然造型，模具成型多用于工业化批量生产。可单独用一种方法进行创作，也可采用多种方法结合进行创作。

1. 拉坯成型工艺

拉坯成型工艺在龙泉青瓷创作中发挥着重要的作用，它承载着青瓷艺术悠久的历史文化。宋代早期，龙泉青瓷创作开始采用拉坯工艺，借助辘轳车的转动来成型，对宋代青瓷的繁荣起到了巨大的作用。它是时代进步的产物，也显示了我国古代技术的发展，使青瓷造型的质和量都得到了飞速的发展。从古至今，拉坯工艺一直深受龙泉陶工们的喜爱，他们充分利用拉坯工艺，从形态上展示自己对青瓷的理解。（图1-6）

陈万里先生在《瓷器与浙江》中生动详细地描写了传统龙泉青瓷的拉坯设备辘轳以及传统拉坯制瓷方法："我看见他们做碗，两只脚蹬住一个圆转机，将模型放在机上，握一把泥，两手先在模型的底部，按坚实了，然后右脚蹬此圆转机，使他急速的旋转，此时型内底部的泥，渐次随着旋转而薄薄匀铺在模型的全部，溢出在模型外的余泥，把他刮去，中间穿一个孔，为的是排泄气泡，最后用一块皮，将内部轻轻的按刮一下，就算成功了。"[1]和传统辘轳相比较，现代拉坯工艺采用新型电能拉坯机，具有动力足、转速快、易操作、可控速等优点。

龙泉青瓷通过千百年的发展，逐渐形成了一套完整而又独特的拉坯手法。揉

---

1 陈万里.瓷器与浙江//陈万里陶瓷考古文集.北京：紫禁城出版社，1997：64.

泥、拉坯、修坯是龙泉青瓷拉坯成型工艺的完整过程。拉坯的第一道工序是揉泥，通过将黏土反复揉压，排空里面的空气，加强泥的柔韧性和致密度，提高后期制作的成功率；第二道工序是拉坯，将揉好的黏土放在拉坯机上，利用机器的旋转和手的力量将黏土拉成所需的形状，它其实是通过旋转产生的惯性，利用运动的向心和离心运动，使泥团在双手的操作下，发挥泥土的基本塑性和力性，逐步形成内空的造型；第三道工序是修坯，在坯体半干时，利用旋转的机器，用修坯刀修去多余的泥土，使坯体内外工整，以此达到所需要的形状和厚度。三道工序缺一不可，共同促进拉坯工艺在龙泉青瓷中的广泛运用。

2. 泥条成型工艺

泥条成型工艺是人类最早掌握的陶瓷造型制作方法之一。在拉坯工艺没有出现之前，人们都是使用泥条盘筑的方法，它既可以制作小件器物，也可以制作大缸、罐子等大件器物。而在现代龙泉青瓷的创作中，泥条成型不是特别普及，更多的是被现代青瓷艺术家作为新的创作技法进行艺术创作，作品独一无二，造型生动自然。他们根据泥条能自由弯曲和变化的特征，创作动态自然、造型复杂的青瓷作品，此外他们更倾向于利用泥条盘筑时所留下的独特装饰纹理，使作品保留泥条盘旋的自然纹理和手工痕迹。当然，也有许多创作者会将泥条痕迹处理工整，不留纹理，有时甚至看不出作品是采用泥条盘筑完成的。此外，泥条盘筑也成为辅助拉坯制作大件器物的一种手段，通常会拉到一定高度后，进行泥条盘筑，然后继续拉高，使器物达到一定的体积。（图1-7）

与其他成型工艺相比较，泥条成型不同于借助拉坯机或模具成型。拉坯成型所体现的是流动性和柔软性，而泥条成型是一种理性的成型方式，更多是制瓷者通过对形体、空间的协调把控来完成的，要求有一定的空间感和较强的动手能力，所以泥条成型的青瓷作品语言特征表现为严谨、敦厚和朴实。

通常泥条成型的方法有两种：一种是单环盘筑，操作过程中可以在一定基础上按顺序一环一环盘筑泥条，形成一层层有规律的泥条纹理；另一种是连续盘筑，盘筑时前后两根泥条首尾相接，逐层盘筑，形成如由一根泥条完成整体作品的完

手工成型工艺

4. 捏塑成型工艺

捏塑成型工艺是指利用黏土的可塑性，借助简单工具，徒手塑造器物的方法。它是最早被人类使用的成型技法，在还没有创作出青铜器、铁器时，人们就用泥土捏制器物来蒸煮食物。上古时期，人们开始捏制更多造型，如盆、鬲、釜、罐、瓶等日用器。到了原始社会中晚期，轮制工具出现后，泥条盘筑工艺开始取代手捏圆形器，模印工艺开始取代捏塑的异形物件和器物中的配件。

随着时代的发展，虽然捏塑成型目前不是龙泉青瓷最主要的成型技法，但它一直被沿用至今，特别是一些器物配件的制作，像北宋五管瓶上的动物、南宋龙虎瓶上的龙虎等造型都是采用捏塑成型方法。捏塑成型工艺最大的优点是简便易行，操作性强，成功率高，不需要任何复杂工具，只要有一块黏土就可以塑造成型。徒手捏塑其实别有一番风味，自然留下的手痕肌理是其他工具难以仿制的。许多现代龙泉青瓷艺术家喜欢采用捏塑的方法徒手对黏土进行创作，如儿童玩泥巴一样原始、简单。捏塑的作品样式丰富，如人物、动物、花鸟、挂饰等，作品中保留着人工痕迹和原始风貌，生动自然。如果不需要保留手工痕迹的纹理，则可以用工具对其进行处理，使其外形工整。由于是徒手操作，因此捏制成型的作品往往厚薄不均，要达到好的艺术效果，必须勤于练习，熟能生巧。

5. 模具成型工艺

模具成型工艺

龙泉青瓷的生产制作方法多种多样，在高速发展的现代工业生产驱动下，模具成型工艺成为最常用的方法。这种方法被龙泉当地的工厂、作坊广泛使用，因为它具有生产成本低廉、生产周期短、操作简便、可反复使用等优点，而且应用范围广

图 1-9　模具成型作品——四仪奎方茶器 / 现代 / 汤忠仁

泛，从日常生活中的日用瓷器到公共艺术中的装饰雕塑的生产都可以通过模具来实现。（图 1-9）

模具成型为制瓷者制作多件相同的青瓷作品找到了捷径，提高了生产效率，并以相对低廉的价格出售，满足市场需求，使青瓷成为大众有能力购买并使用的日用生活器。目前龙泉青瓷工业化产品的生产主要采用以下两种模具成型工艺：一种是注浆成型，另一种是印坯成型。

注浆成型工艺在龙泉当地已有成熟先进的技术，是指把泥浆注入模具中，利用石膏的吸水性，形成一定厚度的坯体而成型的方法。注浆成型相对省料，产品轻巧，它具有产品形态规范、统一的特点。和其他成型方法相比，用它生产的青瓷更加轻盈。但是注浆成型工艺也受到模具工艺的限制，作品形态单一、造型简单。印坯成型工艺是当代龙泉青瓷大批量生产的另一种重要方法。它和注浆成型相比，坯胎更厚，成型后可以进一步在坯体上进行装饰和加工。目前龙泉青瓷的印坯成型工艺还会借助机器进行印坯，主要有压坯成型和滚压成型。压坯成型是利用旋转的石膏模具与上下运动的样板刀挤压来实现成型；滚压成型是利用现代滚压机滚头与滚筒相互旋转挤压泥料并使其沿石膏模具内壁自下而上运动而成型，其最大的优点在于能有效地控制泥坯的大小，提高效率，减轻劳动强度，节约劳动时间，因而在龙泉青瓷的批量生产中得到了广泛运用。

知识拓展

1. 龙泉青瓷装饰工艺

2. 龙泉青瓷施釉与烧成工艺

龙泉青瓷
装饰工艺

龙泉青瓷施釉
与烧成工艺

第一节　早期龙泉青瓷

　　龙泉，地处浙江西南部丽水地区，具有悠久的制瓷历史。二十世纪六七十年代，在丽水、龙泉、松阳、遂昌等地的三国、东晋、南朝墓葬中出土了一批具有地方特色的青瓷。随着考古工作的开展与深入，一批隋、唐、五代时期的窑场也陆续被发现、发掘，重要的窑址有松阳县水井岭头隋唐时期窑址、丽水吕步坑唐代窑址、庆元县黄坛（唐属龙泉县）唐代窑址以及龙泉市安福大栗山五代窑址。所以，以龙泉为中心的区域窑业生产至少可以上溯到唐代。早期窑场处于就地销售的小规模生产阶段，产品在烧造工艺及器型、装饰、釉色等方面，与越窑、瓯窑、婺州窑等类似。器物种类多为碗、盏、盆、罐、盘口壶、执壶、灯盏等生活用瓷。

　　晚唐、五代时期是龙泉窑的初创期，在模仿越窑的同时，开始在胎釉上有所创新。其特征是釉色淡青，釉层透明，表面光亮。器物以执壶、莲花式碗及盏托等较多见。胎质偏白，圈足外撇，底部多垫烧，刻花线条纤细，以云纹、水草纹居多。

早期初创：
三国至五代

① 青瓷莲瓣碗

图 2-1　青瓷莲瓣碗

◠青瓷莲瓣碗
360 度赏析

南朝（420—589 年）

口径 15.6 厘米，底径 8 厘米，高 9 厘米

侈口，尖唇，弧腹，假圈足，底内凹，外壁饰莲瓣纹，足底有七个泥点支烧痕。釉色青绿，灰白胎。饪食器。现藏于龙泉青瓷博物馆。（图 2-1）

② 青釉钵

图 2-2　青釉钵

唐代（618—907 年）

口径 15.6 厘米，底径 7.2 厘米，高 5.4 厘米

敛口，方唇，弧折腹，下腹斜收，平底内凹，内外底各有七个泥点支烧痕。施青釉，釉不及底，灰白胎。现藏于龙泉青瓷博物馆。（图 2-2）

3 青釉五角盖瓶

图 2-3　青釉五角盖瓶

唐代（618—907 年）

口径 8.6 厘米，底径 9.6 厘米，通高 38.8 厘米

钵状盖，"吉"字形纽，敛口，圆唇，短低颈，圆肩，弧腹，平底内凹，盖身附褶皱状泥条两周，肩腹部附褶皱状泥条三周，肩上部泥条上堆有五个角状管，颈下和盖沿有 11 个支烧痕，底部有三个泥点支烧痕。施青中泛黄釉，灰白胎。现藏于龙泉青瓷博物馆。（图 2-3）

4 青瓷五管瓶

⟲ 青瓷五管瓶
360度赏析

图 2-4　青瓷五管瓶

五代（907—960 年）

口径 5.8 厘米，腹径 14.8 厘米，底径 8 厘米，高 30.7 厘米

器盖可分三层：上层为花蕾形纽座；中层为半浮雕状覆莲，莲角上翘；下层收为圆筒状，是为盖口。瓶直口，腹分六级，由下而上逐级向内收敛至口，口下第二、三级之间安荷茎状五管，管为花口，内圆，外壁削成棱；上腹部展开莲苞纹，下腹部刻饰双层仰莲瓣。器物内外通体施淡青釉，坯体较薄而均匀，胎质灰白，圈足微向外撇，足外沿有一周弦纹，足内壁旋削。为金村所烧制。1988 年 8 月，龙泉县宏山乡（今龙泉市剑池街道）山里村出土。明器。现藏于龙泉青瓷博物馆。（图 2-4）

⑤ 青瓷执壶

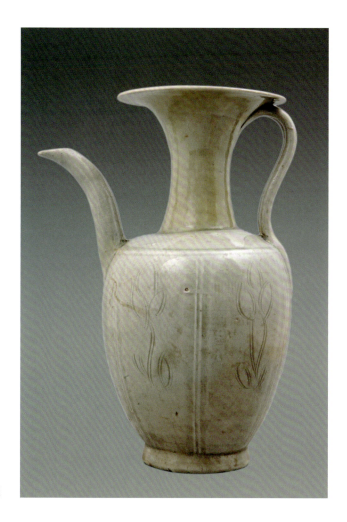

↻ 青瓷执壶
360 度赏析

图 2-5 青瓷执壶

五代（907—960 年）

口径 12.4 厘米，底径 7.9 厘米，高 26.2 厘米

喇叭口，卷唇，束颈，溜肩，弧腹，圈足，颈部一侧附有带状柄，另一侧附有一流。肩部有旋纹两道，腹部有刻划的瓜棱纹将腹分为六瓣，并刻划莲花。施青绿釉，足部无釉，但有明显的泥质垫圈痕。酒器。现藏于龙泉青瓷博物馆。（图 2-5）

6 淡青釉盖瓶

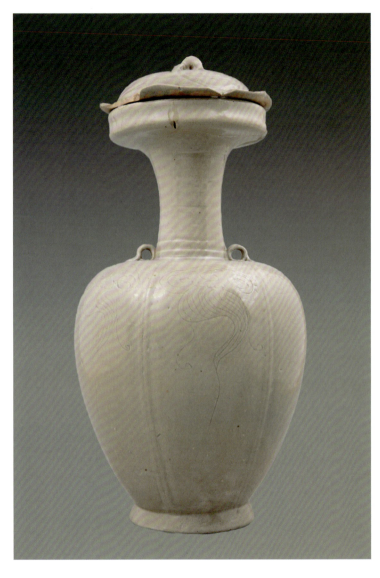

图 2-6　淡青釉盖瓶

五代（907—960 年）

通长 18.3 厘米，通宽 18.2 厘米，通高 37 厘米

盖为弧，顶上安一蜗形提纽，宽皱沿上翘，盖顶有刻划纹。盘口，圆唇，细高颈，广肩，斜弧腹，矮圈足外撇，肩附泥条状系，六组各两道竖筋将腹部分成六瓣，各瓣均饰一组云纹。通体施青釉，灰白胎。现藏于龙泉青瓷博物馆。（图 2-6）

第二节　宋代龙泉青瓷

北宋是龙泉窑青瓷自我风格形成的时期。龙泉窑凭借其优越的自然条件、便利的水路运输和南北技术的融合，制瓷技艺不断提高，并开始脱离越窑与瓯窑的风格。制瓷工匠较好地把握了产品火候和还原气氛，釉色多呈青绿，釉质更纯净，薄而透明，有玻璃质感；同时在北宋晚期开始出现一部分具有乳浊效果的青瓷产品。器型方面，出现了这一时期典型的多管瓶，形制多样。也有部分盘、炉、粉盒等器物出现。刻划仍是主要装饰技法，装饰风格趋向简约，普遍使用"半刀泥"刻法，刀法精准流畅。纹饰简练，疏朗有致。碗类出现"葵口出筋"装饰风格，并戳印有图章式文字，如"河滨遗范""金玉满堂"等。继续使用泥饼垫烧法，器物圈足、外底露胎。坯件都用匣钵装烧，大大提高了产品质量。

繁荣发展：北宋

至南宋中晚期，龙泉窑青瓷制作技艺登峰造极，达到青瓷发展的巅峰。两宋之际开始烧造的乳浊青釉由厚胎薄釉转向薄胎厚釉，有了质的飞跃。厚釉制品主要包括灰白胎和黑胎两类，其中灰白胎青瓷是主流产品。灰白胎制品釉色青翠纯净，质地晶莹润泽，如翠似玉，创制出的粉青和梅子青釉色，达到极致，把青瓷烧制技艺推向巅峰。这种"类玉"效果的龙泉青瓷产品，符合中国人"比德于玉"的价值取向、审美情趣和道德观，为宫廷和文人雅士所钟爱。

在烧造过程中，由于烧成温度和气氛的不同，少数器物出现了青黄、蟹黄、米黄等青黄色泽，曾有"黄龙泉"之称。

南宋龙泉青瓷大多光素无纹，追求釉色与造型和谐统一。清雅秀丽、青翠莹润的粉青釉、梅子青釉令人赞叹，把釉色和釉质的美感发挥到了极致。同时龙泉青瓷造型艺术也达到了前所未有的高峰。造型注重坯体轮廓线的柔和、流畅，边角修饰的利落、简洁，使器物线条曲直有致、刚柔相济、古朴典雅。一些器物肩、腹部出现被称为"白痕出筋"的凸棱，这种装饰手法使釉色出现了浓淡不同的自然过渡，使器物显得更加立体。此外，与厚釉相适应的还有深刻、模制、堆塑等装饰手法。深刻手法多用于碗外壁装饰；模制多用于制作各类瓶耳；堆塑主要用于龙虎瓶，把龙虎形象塑造得惟妙惟肖。龙虎瓶也成了这一时期的典型器物之一。

黑胎青瓷胎骨坚薄，胎色黑灰，瓷胎中铁的含量高达3.5%～5%。它以薄胎、厚釉、紫口铁足、釉面开片为特征。由于器物口沿釉层较薄，在胎色衬托下，略显紫色；而圈足底端无釉处，在烧成后期冷却阶段经过二次氧化，呈现黑褐色，即"紫口铁足"。

① 青瓷五管瓶

⟳ 青瓷五管瓶
360 度赏析

图 2-7　青瓷五管瓶

北宋（960—1127 年）

口径 7.3 厘米，腹径 13.6 厘米，足径 8 厘米，高 23.5 厘米，通高 30.5 厘米

覆盘式盖，盖面饰莲瓣纹，并在莲瓣中填以篦纹，圆形纽座，花蕾形盖顶。器盖内有墨书铭文"张氏五娘，五谷仓柜，上应天宫，下应地中，荫子益孙，长命富贵"，24 字，竖排楷书。瓶直口，折肩，圆腹，圈足。腹分六级，由下而上逐级硬折内收至口部，肩部安喇叭状五管。腹部饰莲瓣、斜方格和卷草纹，装饰手法为刻花。釉色青中泛黄，灰白胎，圈足较矮，近似饼足，足底无釉。1991 年 3 月，龙泉市兰巨乡石玄湖村出土。明器。现藏于龙泉青瓷博物馆。（图 2-7）

2 青瓷牡丹纹盖粉盒

图 2-8　青瓷牡丹纹盖粉盒

北宋（960—1127 年）

口径 10.4 厘米，底径 5 厘米，高 3.8 厘米

圆形，盖面饰牡丹纹，纹饰中加篦点，子母口，器内有三只圆盒，呈三角形排列，壁较直，硬折至底，近似平足，子母口处和底部无釉，装饰手法为繁密的刻划花。釉色青绿，灰白胎，采用垫饼支托装烧。1983 年，龙泉小梅至瑞垟公路改线时，金村大窑畈窑址出土。盛储器。现藏于龙泉青瓷博物馆。（图 2-8）

③ 青瓷盂口瓶

图 2-9　青瓷盂口瓶

北宋（960—1127 年）

口径 8.6 厘米，腹径 13.5 厘米，底径 7.3 厘米，高 22.4 厘米

失盖，盂口，筒式颈，椭圆腹，圈足外撇。肩外缘刻饰弦纹两圈，颈下部刻饰弦纹三圈，腹部用直条凸棱将其分成六份，每份中刻一变体花叶纹，内填篦纹。胎质灰白，施青釉，釉层较薄，足内旋削，足底无釉。1977 年冬，龙泉县林垟乡（今龙泉市塔石街道）秋畈村出土，共同出土的还有五管瓶、盂口瓶及婺州窑魂瓶一对。汲水器。现藏于龙泉青瓷博物馆。（图 2-9）

4 青瓷胆式瓶

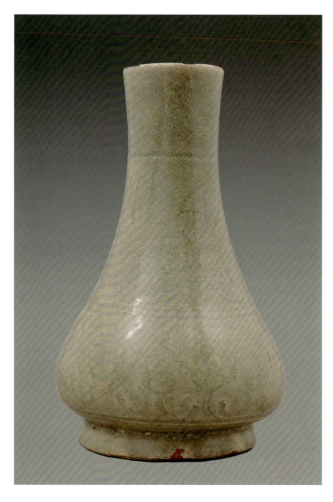

图 2-10 青瓷胆式瓶

北宋（960—1127 年）

口径 4.6 厘米，底径 8 厘米，高 17 厘米

口微侈，方唇，细高颈，溜肩，垂腹，圈足。颈肩部饰三道旋纹及刻画有花草纹，腹饰一道旋纹。釉色青绿，灰白胎。陈设器。现藏于龙泉青瓷博物馆。（图 2-10）

5 青釉刻花蕉叶纹五管瓶

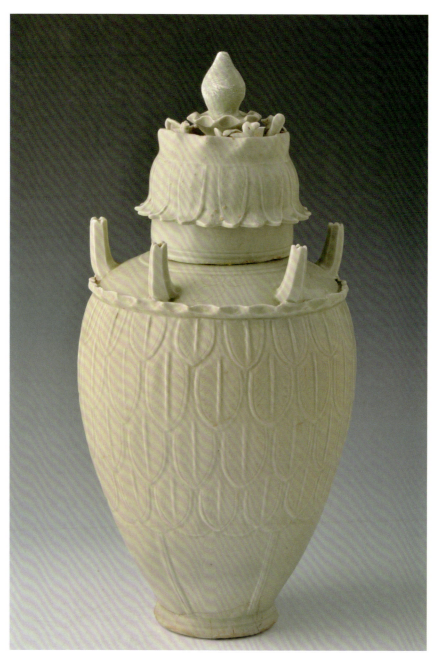

图 2-11 青釉刻花蕉叶纹五管瓶

北宋（960—1127 年）

口径 8.2 厘米，足径 9.5 厘米，通高 42 厘米

盖分三层：上层捏塑，为呈出水荷叶状的纽座，荷叶中央为花蕾形盖纽；中层为半浮雕状覆莲瓣纹，莲角外翘，瓣面填以叶脉纹，蒂部呈池塘形，塘内堆塑四只水鸭作悠悠戏水状，其中两只嘴衔小鱼作食式，另两只则作觅食之态，鸭翅有张有合，如扑如栖，体态逼俏，生机盎然，富有浓厚的江南水乡风味；下层收作圆筒形，是为盖口。瓶直口，折肩，圆腹，圈足，肩腹之交堆贴褶皱状泥条印捺纹，形似水波。肩部安六面体荷茎状五管，等距排列，微向内弯，管端呈四齿状，与器口平行，管间饰变形如意云纹。腹上部饰半浮雕状五层覆蕉叶纹，瓣瓣起筋，瓣内填以叶脉纹，下腹部饰六条直棱双线，线间各饰一朵变形如意云纹。釉色淡青，白胎，足微外撇，足外有一周弦纹，足内施釉，足端用泥点间隔支垫托烧，外无釉。1976 年，龙泉县茶丰乡（今龙泉市查田镇）墩头村出土。现藏于龙泉青瓷博物馆。（图 2-11）

6 青釉刻花瓣纹盖罐

图 2-12　青釉刻花瓣纹盖罐

北宋（960—1127 年）

口径 8.8 厘米，底径 5.6 厘米，通高 6.4 厘米

盖面平，上刻饰牡丹向阳花卉，内沿无釉，子口。罐短颈直口，弧肩，扁圆，腹下内收，平
底，微向内凹，刻重瓣仰莲，瓣内填以篦纹。釉色青绿，浮光较强，胎质灰白，口沿、外底无
釉，呈白色。1985 年，龙泉县龙渊镇大洋畈（今龙泉市龙渊街道大洋社区）牛门山出土。现藏
于龙泉青瓷博物馆。（图 2-12）

7 青釉刻花莲瓣纹贴塑五叶犬纽盖瓶

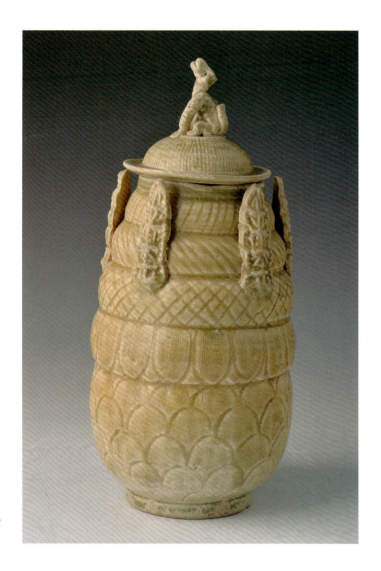

图 2-13 青釉刻花莲瓣纹贴塑五叶犬纽盖瓶

北宋（960—1127 年）

口径 8.6 厘米，底径 8.8 厘米，通高 30.2 厘米

盖纽堆塑一只静坐昂首翘尾的犬，盖为覆盘式，面饰细条状纹。瓶直口，短颈。腹分五级，上腹部一、二级刻饰斜方格纹，三级安印模而成的五叶，朝外叶面印花，四级饰覆莲，瓣内填以篦纹；下腹部刻饰五层莲瓣纹，瓣内均填以篦纹。口沿无釉，胎呈灰白色；矮圈足，足底无釉，呈浅朱红色；用垫饼支烧；釉色青黄，灰白胎。现藏于龙泉青瓷博物馆。（图 2-13）

8 青釉刻花斗笠碗

图 2-14 青釉刻花斗笠碗

北宋（960—1127 年）

口径 10.8 厘米，足径 3.4 厘米，高 3.6 厘米

侈口，圆唇，沿下微束，斜弧腹，呈斗笠状。内底呈窝状，矮圈足，内壁饰刻划纹和篦纹。施青绿釉，灰白胎。现藏于龙泉青瓷博物馆。（图 2-14）

9 青釉贯耳小瓶

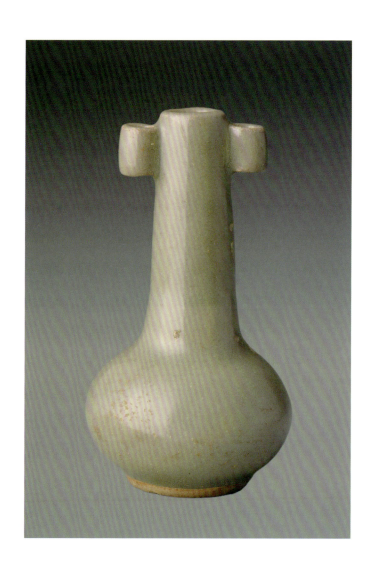

图 2-15　青釉贯耳小瓶

南宋（1127—1279 年）

口径 1.3 厘米，底径 2.5 厘米，高 8 厘米

直口，圆唇，细长颈，溜肩，球形腹，隐圈足，口部两侧附有粗短型管状贯耳。施青绿釉，足部无釉，足部有明显的瓷质垫具痕，灰胎。现藏于龙泉青瓷博物馆。（图 2-15）

⑩ 青瓷龙瓶

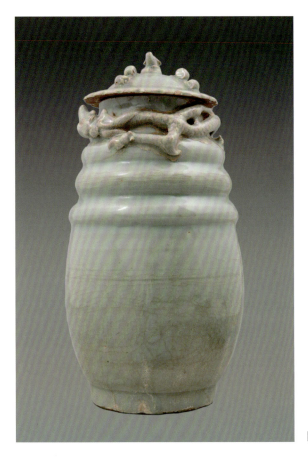

◯ 青瓷龙瓶
360 度赏析

图 2-16 　青瓷龙瓶

南宋（1127—1279 年）

盖径 10.6 厘米，口径 8.2 厘米，腹径 13.6 厘米，足径 9.7 厘米，高 26.9 厘米

盖纽堆塑一只展翅高飞的凤鸟，盖面堆塑四朵对称变形的云纹，盖沿为花口。瓶体为直口，短颈，圆肩。颈与肩部一周堆贴龙云纹，龙昂首，三爪犹如穿云破雾，形态逼真、栩栩如生，器身光素。上部制作三节似葫芦状瓶体，腹部有两周弦纹，圈足。釉色青绿，腹下部发色欠佳，有风裂纹，灰白胎，足内未施釉，露胎处呈朱砂色。

此类器是南宋龙泉窑中一种典型的器皿，在龙泉地区是一种专用的明器（随葬品），基本上都是一只堆龙、一只堆虎成双出土。在龙泉，人们只要一提起青瓷，就会说龙虎瓶，但此类器出土完整的实属罕见。1986 年 12 月，龙泉工商行政管理局将其移交龙泉博物馆收藏。（图 2-16）

11 青釉虎瓶

↻ 青釉虎瓶
360 度赏析

图 2-17 青釉虎瓶

南宋（1127—1279 年）

口径 5.8 厘米，足径 8.2 厘米，通高 30.8 厘米

鸟纽，作展翅状，盖向下斜出，上堆塑四组浪涛纹，将盖作四等分，盖沿平折，盖内子口，无釉。瓶作小盂口，细长颈，椭圆腹，圈足，肩部堆贴褶皱状波浪纹一圈，颈肩部位堆塑一只虎，肩部堆塑人、小虎、云等。釉青色，口及底部无釉，灰白胎。明器。现藏于龙泉青瓷博物馆。（图 2-17）

12 青釉龙瓶

图 2-18　青釉龙瓶

南宋（1127—1279 年）

口径 5.8 厘米，腹径 13.8 厘米，底径 8.2 厘米，高 30.8 厘米

鸟纽，作展翅状，盖向下斜出，盖沿平折，盖内有子口，无釉。瓶直口，肩部分为三阶，堆塑有张牙舞爪的盘龙，弧腹，矮圈足。施粉青釉，口、足底刮釉，泥质垫圈垫烧。明器。现藏于龙泉青瓷博物馆。（图 2-18）

13 青釉三足炉

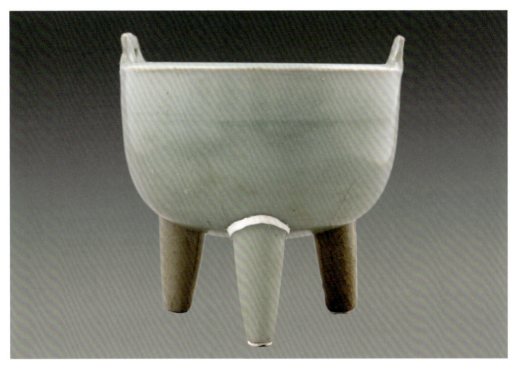

图 2-19　青釉三足炉

↻ 青釉三足炉
360 度赏析

南宋（1127—1279 年）

口径 15 厘米，高 21 厘米

圆唇，短直颈，三锥形足。口沿上附一对方形立耳。深直腹，下腹圆弧，平底。造型端庄规整，通体施粉青釉，釉层肥厚，釉面光洁莹润，足端未施釉。现藏于龙泉青瓷博物馆。（图 2-19）

14 青瓷葵口碗

图 2-20　青瓷葵口碗

南宋（1127—1279 年）

口径 12.6 厘米，底径 4.8 厘米，高 5 厘米

圆唇，葵口外翻，斜弧腹，矮圈足。施浅青绿色釉，底下无釉，灰白胎。饪食器。现藏于龙泉青瓷博物馆。（图 2-20）

15 青瓷长颈瓶

图 2-21　青瓷长颈瓶

南宋（1127—1279 年）

口径 6.4 厘米，底径 10.2 厘米，高 21.4 厘米

侈口，圆唇，长颈，垂腹，圈足，底微凸。釉色天青，足底刮釉。龙泉市查田镇某校址出土，吴观佑捐。盛储器。现藏于龙泉青瓷博物馆。（图 2-21）

16 青瓷梅瓶

图 2-22　青瓷梅瓶

南宋（1127—1279 年）

口径 3.8 厘米，底径 6.8 厘米，高 22 厘米

口微侈，圆唇，束颈，广肩，弧腹，隐圈足。施青绿釉，底未施釉。瓶身上饰有均匀的弦纹。盛酒器。现藏于龙泉青瓷博物馆。（图 2-22）

17 青瓷双耳环弦纹瓶

图 2-23 青瓷双耳环弦纹瓶

南宋（1127—1279 年）

口径 6.6 厘米，底径 8 厘米，高 21.4 厘米

侈口，中高颈，圆唇，垂腹，圈足，肩附两个兽首衔环耳。通体饰弦纹，施天青釉。盛储器。现藏于龙泉青瓷博物馆。（图 2-23）

18 青瓷盘口瓶

图 2-24　青瓷盘口瓶

南宋（1127—1279 年）

口径 7.6 厘米，底径 7.6 厘米，高 20.6 厘米

盉口，方唇，束直颈，圆肩弧腹，矮圈足，微外撇。施粉青釉，底部未施釉，釉面有裂痕。瓶身有对称的圆形环作为装饰。汲水器。现藏于龙泉青瓷博物馆。（图 2-24）

19 青釉凤耳瓶

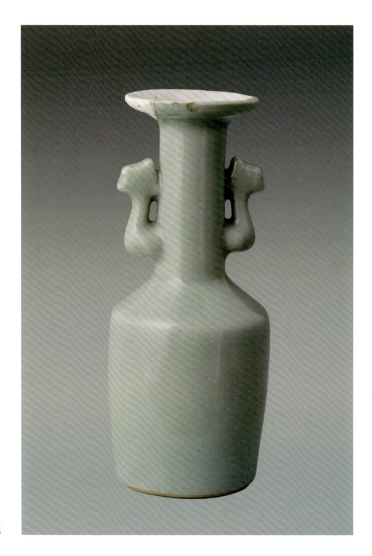

图 2-25　青釉凤耳瓶

南宋（1127—1279 年）

口径 6.2 厘米，足径 6.8 厘米，高 18.4 厘米

折肩口，筒腹，下腹微收，隐圈足，颈中部附一对凤状耳。施青釉，足底刮釉，灰胎。现藏于龙泉青瓷博物馆。（图 2-25）

20 青釉大吉瓶

图 2-26 青釉大吉瓶

南宋（1127—1279 年）

口径 2.3 厘米，底径 5 厘米，高 16.4 厘米

"吉"字形，细长直颈，敛口，圆肩弧腹，下腹内收，隐圈足，底微凸，颈束一周凸轮。釉色青灰，足底刮釉。陈设器、祭祀用具。现藏于龙泉青瓷博物馆。（图 2-26）

21 青釉荷叶形盖罐

图 2-27　青釉荷叶形盖罐

南宋（1127—1279 年）

口径 23.8 厘米，足径 16.8 厘米，高 31.3 厘米，最大腹围接近 1 米

龙泉窑梅子青色，罐身圆润，盖子独特，盖沿弯曲呈荷叶状。1991 年在四川遂宁城南金鱼村发掘的青釉荷叶形盖罐是四川宋瓷博物馆的镇馆之宝。南宋龙泉青瓷中最大的一件瓷器，也是宋瓷当中唯一一件荷叶形盖罐，堪称绝品。国家一级文物，被称为中国瓷器三大国宝之一。（图 2-27）

第三节　元、明时期龙泉青瓷

元代，政府重视手工业和商业，对外采取了开放政策，极力发展经济贸易。龙泉窑规模日益庞大，成为当时最大的窑业中心。龙泉境内的窑址达 310 处，仅龙泉东区一地就发现窑址 218 处，出现了"瓯江两岸，瓷窑林立，烟火相望，江上运瓷船舶往来如织"的空前盛况。

瓷器是元代对外贸易的最主要、最大宗的商品。龙泉青瓷一跃成为世界性商品，流布范围之广，居中国名窑之首。龙泉窑青瓷在造型和装饰风格上，由南宋时期的纤巧隽永、纯净如玉、清雅婉约演变为元代的高大厚重、雄浑敦朴、气势磅礴，形成鲜明的差异。这一时期龙泉青瓷的样貌特征可概括为厚胎厚釉。胎体厚重、坚硬致密，胎色较白或略带灰色。釉质肥厚清亮，呈青绿色。采用垫圈垫烧，在器物的圈足、外底部分不施釉，留有垫圈的痕迹，烧成后成赭红色，俗称"火石红"。

与厚重坚实的胎体、肥厚清亮的釉质、丰富多样的器型相适应，是刻划、模印、堆垒、贴花、点彩、露胎等多种装饰技法的综合运用，即根据不同的器物，采取不同的装饰技法组合。点彩和露胎是瓷器装饰的传统技法，从元代开始用于龙泉青瓷。在多元文化的背景下，元代龙泉窑博采众长，成为中国古代青瓷技艺集大成者。

明早期龙泉窑在烧造工艺和制品面貌上都沿袭了元代的方式和特点，成为中国青瓷发展历史上最后的亮点。

明早期龙泉窑规模不减，青瓷制品十分精美。造型大体上和元代一致，硕大厚重。产品多为大型瓶、盘，日用的小件器物较少。胎体厚重、坚实，胎色灰白。釉质淳厚润泽，釉色青绿，光泽度较强。装饰技法以刻划、印花为主，技法娴熟。纹样清晰，流畅自如，布局满密，与元代主题突出、层次分明不同，更显繁缛华丽。在烧造方面，足部施釉，有湿圈，处理手法与元末接近。

从成化时期开始，龙泉窑不再为宫廷生产御用瓷器。明中期以后龙泉窑青瓷的特点是胎体厚重，胎色白中发灰，釉层透明度较高，成型较草率，质量略显粗糙。装饰手法主要是刻划花和印花，图案有山水人物、历史故事、二十四孝等。这一时期中国瓷业格局发生了很大变化，景德镇一家独大，成为生产规模最大、产品质量最高的窑场，为宫廷生产御用瓷器的官窑也设立于此。其生产的青花瓷成为国内外市场的主流产品，其他新颖瓷器产品也广受欢迎。出于多方面的原因，明中晚期龙泉青瓷逐渐退居次要地位，淡出历史舞台，龙泉窑生产规模开始逐渐缩小。明中期以后龙泉窑制品的样貌、产品质量与鼎盛期无法相比，釉层变薄、透明，少见纯正的青色，多偏黄或偏灰。装饰以刻划与印花为主，浅显而草率；纹样以花卉为主，单调而零乱。

迅猛扩张：
元、明

1 青釉印福禄寿纹盘

图 2-28　青釉印福禄寿纹盘

元代（1271—1368 年）

口径 17.4 厘米，底径 10 厘米，高 4.5 厘米

敞口，唇外卷，弧腹，圈足。底微上凸，内底印篆体"福"字，以及鹿和灵芝纹，鹿回首望月，情意深刻，福鹿即福禄，灵芝即长寿，是古人美好愿望的寄托。釉色青中泛黄，外底心无釉，呈朱红色。1985 年 1 月 30 日，龙泉县（今龙泉市）查田镇溪口村出土。饪食器。现藏于龙泉青瓷博物馆。（图 2-28）

② 青釉露胎堆贴云鹤纹菊瓣口盘

图 2-29　青釉露胎堆贴云鹤纹菊瓣口盘

元代（1271—1368 年）

口径 16.5 厘米，足底 4.3 厘米，高 3 厘米

花口折沿，斜壁，圈足，鸡心底，器型呈菊瓣状，内底贴饰对称逆向双云双鹤，双鹤展翅穿云，花束式祥云，印贴云鹤呈朱红色。釉色青中微泛黄，圈足两边旋削，足端无釉，用垫饼支托装烧，灰白胎。1980 年，龙泉县供村乡（今龙泉市道太乡）龚村明正德十三年（1518 年）墓出土。现藏于龙泉青瓷博物馆。（图 2-29）

3 青釉玉壶春瓶

图 2-30 青釉玉壶春瓶

元代（1271—1368 年）

口径 7.6 厘米，底径 8.8 厘米，高 24.4 厘米

喇叭口，沿微卷，圆唇，细高颈，溜肩，圆弧腹，圈足，底微凸。釉色黄绿，足底刮釉。龙泉市宝溪乡溪头村出土。陈设器。现藏于龙泉青瓷博物馆。（图 2-30）

4 青釉双耳环小瓶

图 2-31 青釉双耳环小瓶

元代（1271—1368 年）

口径 3.6 厘米，底径 4.2 厘米，高 14 厘米

圆唇，口微直，细颈，溜肩，鼓腹下斜收，矮圈足，颈部附两半环状耳，耳内各有一衔环，足底有一明显旋凸。施青绿色满釉，灰白胎。陈设器。现藏于龙泉青瓷博物馆。（图 2-31）

5 青釉鼓钉炉

图 2-32　青釉鼓钉炉

○ 青釉鼓钉炉
360 度赏析

元代（1271—1368 年）

口径 14.5 厘米，腹径 15.6 厘米，底径 6 厘米，高 7 厘米

敛口，唇微内斜，弧腹，斜肩，呈扁鼓形。底心有一圆孔，在内底用瓷质垫饼覆盖，外口沿及腹底相交之处各有一圈梅花形鼓钉，鼓钉作六瓣花形，每排 23 个，腹部贴饰对称的铺首衔环两个，底近腹部装兽头足三个，外底心近似卧足的圈足，足底无釉。釉层丰厚滋润，釉色粉青，胎质灰白，露胎处呈朱红色。祭祀用具。现藏于龙泉青瓷博物馆。（图 2-32）

6 青釉熏炉

图 2-33　青釉熏炉

元代（1271—1368 年）

口径 9.7 厘米，高 8 厘米

盖圆形，盖面微弧，呈镂空状，施青绿釉；器身呈筒状腹，子口，假圈足，腹下一周附有三足，足面刻划花草纹。施青绿釉，足下无釉，有泥质垫圈痕，灰胎。现藏于龙泉青瓷博物馆。（图 2-33）

7 青釉观音塑像

青釉观音塑像
360度赏析

图 2-34 青釉观音塑像

元代（1271—1368 年）

头径 5.8 厘米，底径 10 厘米，高 28.8 厘米

观音头戴华冠，冠后为镂空火焰山状，前为莲瓣形佛龛，龛内正中为如意坐佛。观音面部丰满圆浑，两耳垂肩，披肩，一条垂带和梅花形绶带向两侧缚扎，胸部饰朵梅，右腿屈起，立于座上，右手置放于膝上，座旁堆塑一只鹦鹉；左手旁挂净水瓶，手平放在垂带上，左脚置于座沿上，旁堆塑侍童。面、颈、胸、手、脚部露胎，造型古朴端庄，釉色青绿肥厚，灰白胎。1990年冬，龙泉市兰巨乡蜜蜂岭村古田自然村出土。祭祀用具。现藏于龙泉青瓷博物馆。（图 2-34）

8 青釉持灯人像

图 2-35　青釉持灯人像

元代（1271—1368 年）

足径 8.7 厘米，高 21.7 厘米

俑身蒙古人装束，头戴帽，腰束带，作立状，左手弯曲，右手搭在左肩膀，左肩背荷叶形油灯，神态自然，脸与足端露胎，呈朱红色，腹中空。施青绿釉，釉厚，胎质灰白。现藏于龙泉青瓷博物馆。（图 2-35）

9 双绳耳鼎式炉

图 2-36 双绳耳鼎式炉

明代（1368—1644 年）

口径 7.8 厘米，高 9.6 厘米

折沿，束颈，弧腹，柱状足，沿两侧各附麻花状条形耳，颈部有刻划线纹，足部亦有花草纹。施青绿釉。祭祀用具。现藏于龙泉青瓷博物馆。（图 2-36）

10 双绳耳刻花大炉

图 2-37　双绳耳刻花大炉

明代（1368—1644 年）

口径 34.4 厘米，底径 14.8 厘米，高 19.4 厘米

斜折沿，厚方唇，束颈，弧腹，下腹斜收，假圈足内凹，沿外附两个泥条拧成的麻花状耳，下腹三个三棱状空心足，颈饰刻画纹，并带有一组乳钉纹，腹部刻有牡丹缠枝纹，下饰一组乳钉纹。施青绿釉，内外底均未施釉。祭祀用具。现藏于龙泉青瓷博物馆。（图 2-37）

⑪ 青釉荷叶盖罐

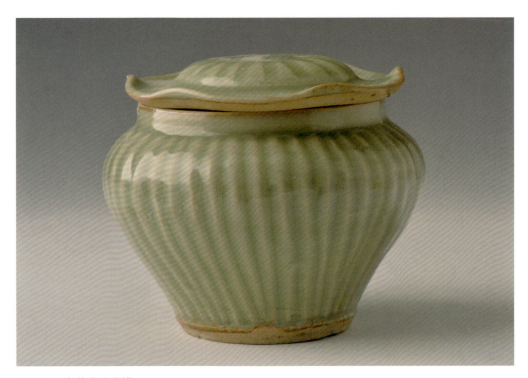

图 2-38　青釉荷叶盖罐

明代（1368—1644 年）

口径 10.2 厘米，腹径 13.6 厘米，底径 5.5 厘米，高 11.5 厘米

盖面隆起，饰宽叶脉纹，似一朵丰满的莲苞，边缘起伏，如荷叶，内沿无釉，有子口。罐直口，短颈，丰肩，腹下渐收，圈足。器身满饰凸莲瓣纹，施釉不及底，挖足较深，足底无釉。胎色灰白致密，釉色青中微泛黄。1980 年 7 月，龙泉县供村乡（今龙泉市道太乡）龚村明代正德十三年（1518 年）墓出土。盛储器。现藏于龙泉青瓷博物馆。（图 2-38）

12 青釉刻花高足杯

图 2-39　青釉刻花高足杯

明代（1368—1644 年）

口径 11.5 厘米，底径 3.6 厘米，高 8.8 厘米

撇口，弧壁，扭足，器内壁刻饰荷花、八吉祥和云纹，外壁光素无纹；釉色青绿，灰白胎，足端呈朱砂色。1980 年 7 月，龙泉县供村乡（今龙泉市道太乡）龚村明代正德十三年（1518 年）墓出土。饮器。现藏于龙泉青瓷博物馆。（图 2-39）

13 青釉镂空麒麟纹鼓凳

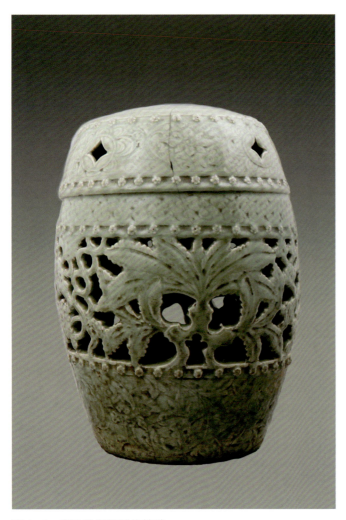

图 2-40　青釉镂空麒麟纹鼓凳

明代（1368—1644 年）

口径 21.6 厘米，高 45 厘米

鼓状，顶覆钵状，弧腹，底部空。顶面饰树木和两只相向而鸣的鹤，外缘下饰有梅花状鼓钉一圈，下饰卷莲及四枚古钱币纹；中部镂空，下装饰有梅花状鼓钉一周并内收阶状棱台，台下饰卷云纹一周，卷云下又饰梅花状鼓钉一周，该周鼓钉下及器腹中部镂空，有兰草、麒麟、古钱币、祥云两组相对应；下腹刻有牡丹缠枝纹一周。通体施青绿釉，底、沿加厚并刮釉，为垫具垫烧，灰白胎。现藏于龙泉青瓷博物馆。（图 2-40）

14 青釉执壶

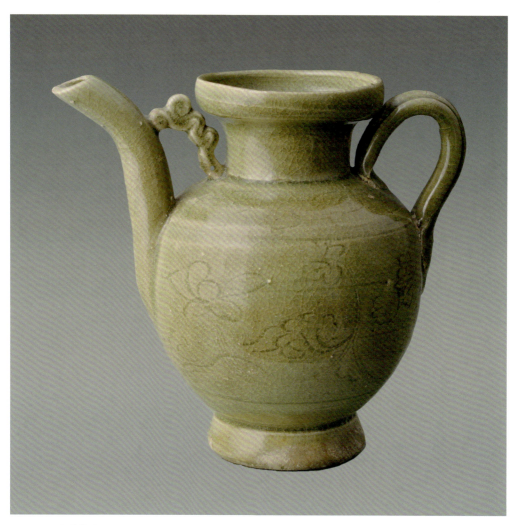

图 2-41　青釉执壶

明代（1368—1644 年）

口径 8.4 厘米，腹径 12.4 厘米，底径 7.2 厘米，高 17.1 厘米

盘口，短颈，溜肩，长流，曲錾执，圆腹，圈足。肩腹一侧安一长流，对应一侧安一执。肩部饰两朵对称的云纹，腹部饰两朵对称的荷花、荷叶纹，下腹部有弦纹两道，装饰手法为刻花。圈足微向外撇，足外沿旋削，露胎处呈朱红色。胎质灰白，釉层较薄，玻璃质感较强，釉色青中泛黄。1984 年 4 月，龙泉县福源乡（今龙泉市安仁镇）安福村窑址出土。汲水器。现藏于龙泉青瓷博物馆。（图 2-41）

15 青釉小盖罐

图 2-42　青釉小盖罐

明代（1368—1644 年）

口径 5 厘米，底径 4.6 厘米，高 7.4 厘米

伞状盖，顶部略平，罐口呈圆唇，口微敛，溜肩，鼓腹，下腹斜收，隐圈足。内外青绿釉，足底无釉，灰白胎。盛储器。现藏于龙泉青瓷博物馆。（图 2-42）

16 青釉印花人物故事碗

图 2-43　青釉印花人物故事碗

明代（1368—1644 年）

口径 14.4 厘米，足径 5.5 厘米，高 7.8 厘米

敞口，圆唇，弧腹，下腹部斜收，矮圈足，外壁口部模印一周"回"纹，内壁模印一周"回"纹及一周人物。釉色青，灰白胎。现藏于龙泉青瓷博物馆。（图 2-43）

第六节　国营龙泉瓷厂时期龙泉青瓷

　　新中国成立以后，龙泉瓷业得以恢复规模化生产，龙泉窑的传承发展步入一个新的时代，再次走向辉煌。

　　1957年，周恩来总理亲自指示要恢复我国历史名窑，恢复龙泉窑的生产。浙江省成立恢复生产委员会，组织各地专家前往龙泉，帮助恢复发展龙泉青瓷生产，龙泉青瓷迎来了走向复兴的春天。1957年，国营龙泉瓷厂成立；1959年，从宝溪乡抽调李怀德等一批民间青瓷艺人在上垟成立青瓷仿古小组，经过一次次技术攻关，历经无数次试制，终于在1959年国庆前夕研制成功弟窑产品。1963年，哥窑产品也仿制成功。自此，龙泉青瓷进入了再度辉煌的时期。1977年，青瓷仿古小组改为青瓷研究所。1980年，徐朝兴成为青瓷研究所所长，主持现代龙泉青瓷的设计与开发，取得了辉煌成绩。

国营龙泉瓷厂

1 中美友好玲珑灯

图 2-50　中美友好玲珑灯

龙泉瓷厂产品，徐朝兴设计。1979 年，邓小平访问美国，中美友好玲珑灯被选为外交部国家级
礼品，现收藏于美国白宫。（图 2-50）

② 牡丹凤耳瓶

〇 牡丹凤耳瓶
360 度赏析

图 2-51　牡丹凤耳瓶

龙泉瓷厂产品。1959 年，为庆祝中华人民共和国成立十周年，龙泉瓷厂接受了烧制北京人民大会堂宴会用瓷的生产任务，此牡丹凤耳瓶为其中一件。生产由时任浙江省轻工业厅厅长翟翕武亲自指挥，由浙江美术学院（现中国美术学院）邓白教授设计，经过半年多努力，于国庆前夕完成了国庆用瓷的生产任务，这对龙泉青瓷的恢复和发展产生了重要影响。（图 2-51）

3 洪秀全起义

图 2-52　洪秀全起义

龙泉瓷厂产品，作者为杨永祥。20世纪60年代，中国科学院硅酸盐化学与工学研究所、中央工艺美术学院（现清华大学美术学院）、故宫博物院、浙江大学、浙江省文物管理委员会调查组（现浙江省文物考古研究所）等单位专家、教授全面参与和指导青瓷研究与开发。地方政府成立了青瓷彩绘生产车间，大量生产花鸟、人物题材的具有时代特征的作品。龙泉青瓷技艺开始得到全面恢复，并走出国门，行销世界各地。该作品取材自太平天国运动的历史事件，人物刻画栩栩如生。（图 2-52）

4 杨子荣斗小炉匠

图 2-53　杨子荣斗小炉匠

龙泉瓷厂产品，作者为梅云鹤。该作品人物取材自样板戏《智取威虎山》，人物刻画惟妙惟肖。（图 2-53）

5 紫光瓶

图 2-54　紫光瓶

龙泉瓷厂产品。1986 年 9 月，接到浙江省轻工业厅转发的国务院办公厅行政局的通知，毛正聪等赴京接受了制作中南海紫光阁陈列瓷的任务。毛正聪先行设计制作紫光瓶、紫光盘两件作品。1988 年，中央工艺美术学院张守智教授来龙泉瓷厂指导，对紫光瓶、紫光盘提出修改意见。1989 年，瓷厂成功烧制出两件完美精品，作品进入中南海紫光阁，布置陈列在总理接待厅正中位。（图 2-54）

第三章

当代龙泉青瓷产业
发展创新

第一节 龙泉青瓷产业瓷

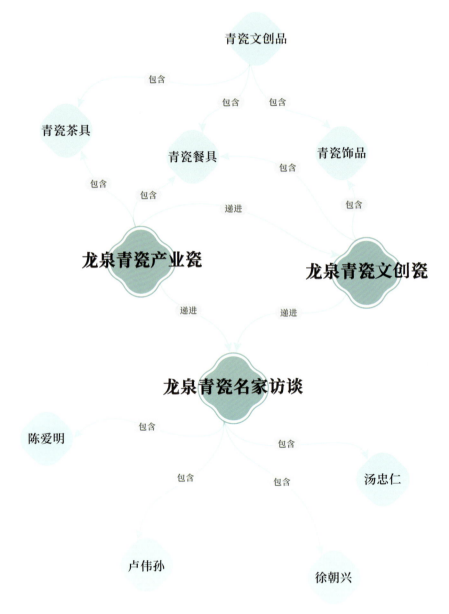

知识图谱：龙泉青瓷现状

龙泉青瓷现状

文化产业在中国是随着社会主义市场经济体制逐步完善和现代生产方式不断进步而发展起来的新兴产业。2018 年 4 月，国家统计局和中宣部阐明了"文化产业"概念，工艺美术、设计等活动成为文化产业中艺术品业的重要内容。

近 20 年，在龙泉市委市政府、龙泉市青瓷宝剑产业局等相关部门的谋划与支持下，龙泉当地初步构建了集产品生产、艺术创作、人才培养、产学研于一体的现代龙泉青瓷发展体系，使龙泉青瓷产业得到进一步的发展壮大。根据龙泉市青瓷宝剑产业局统计的青瓷产业发展数据，2010—2017 年，龙泉青瓷年产值从 6.30 亿元增长到 21.21 亿元，增长了 336.67%，呈爆发式增长。根据 2019 年对龙泉青瓷行业市场主体、从业人员的调查，2019 年，龙泉市青瓷行业市场主体共 1875 家，其中企业 541 家；从业人员不下 1.2 万人。目前，龙泉青瓷的产品结构主要有日用瓷、艺术瓷和文创瓷三个部分。其中，日用瓷以茶具、餐具等生活用瓷为主；艺术瓷以瓶、盘、罐等历史经典造型为主；文创瓷则将青瓷元素融入服装、饰品、旅游产品等设计，使传统工艺与现代时尚相结合。龙泉青瓷产业正处于快速、多元的发展阶段。

1. 青瓷餐具

餐具是日常家居生活的必需品。所谓龙泉青瓷餐具，顾名思义就是使用龙泉青瓷材料以及龙泉青瓷烧制方法来制作与生产的餐具。它具有龙泉青瓷的特征，即如玉一样的青瓷釉色。

餐具与人类饮食文化有着同样久远的历史。比如原始人类在文明开蒙之初，可能就是拿着一张比较大的植物叶子来盛装食物，如今在某些地区的饮食习惯中，仍然有使用蕉叶来当作盛装食物的工具。随着人类饮食文化的演化和发展，餐具的形式和品类也变得更为丰富多样，出现了不同材质的餐具，如陶瓷、青铜、金银、漆、玻璃、不锈钢、塑料等。陶瓷是人类文明的象征，从新石器时代的陶器，到商周时期的原始青瓷，再到东汉时期的成熟青瓷，陶瓷的发展与人类生活息息相关，特别是我们日常使用的碗、杯等生活日用器，大多用陶瓷制作。龙泉青瓷餐具在宋代已经极具生产力，相当一部分碗类器皿承担着餐具的角色。

自宋以来，日用餐具就大量出口，成为世界紧俏产品。

在当代，虽然面临塑料、不锈钢玻璃等替代材料的冲击，但陶瓷餐具仍然是最普遍的首选之器。与白瓷餐具相比，龙泉青瓷餐具的市场占比较少，却有很大的发展空间。随着生活水平的提高，人们开始重生活品质，重品位，重环保和健康，如翠似玉的龙泉青瓷就备受人们的青睐。龙泉青瓷餐具采用龙泉本土优质的材料来烧制，既有地域性，又有国际范，清新自然的青绿生态色调符合当代审美。

在色彩及釉质的呈现上，龙泉青瓷与其他陶瓷相比有非常明显的优势。比如颜色，白瓷是白色，釉层普遍较薄。龙泉青瓷的颜色是表现在釉料当中的，有梅子青釉色、粉青釉色等，多在青绿色这一色彩系统里微妙变换；质感像玉一样温润，表面釉层肥厚，也像水一样晶莹。

龙泉青瓷餐具的设计，要注意形态与功能的相互关系。外在美观的形态可以让使用者产生美好的情感感受，而功能上的实用性又可以给使用者带来舒适方面的感受。在对餐具的形态进行设计时，首先要考虑功能的合理性，比如一套餐具适合多少人同时使用，是在什么样的场合使用，是家庭使用还是酒店餐厅使用，这些都是有相当大的区别的。现在也常有针对一人食、二人食这样极具个性化的龙泉青瓷餐具设计，说明人们即使在一个人或者两个人生活的状态下，也极力追求生活的品质。在形态美观上，造型和装饰不仅可以表现餐具的美感，也可以使一套餐具升华成为精美的艺术品。（图3-1）

青瓷餐具

2. 青瓷茶具

草木皆有灵，茶是草木之属，其灵一解人之茶毒，二解人之干渴，三解人之神魂。茶在中国的历史相当悠久，已成为文人学

图 3-1　青瓷餐具 / 现代 / 古由

士，乃至平民百姓的基本饮料，并发展出中国茶文化，形成茶道美学。器为茶之父，一杯盛山水，一杯装丘壑。龙泉青瓷茶具早在宋代之前就有生产，北宋早期的执壶，既是装酒的器皿，也是点茶盛水的器皿。唐代茶圣陆羽，将茶器分门别类，从煎煮用器、点试用器到清洁收藏用器一一陈述；到了宋代，点茶盛行，斗茶游戏更是成了高端娱乐项目之一，点茶所用器皿无不精彩讲究；明代洪武年间"废制团茶，改制散茶"的政令实施，使茶的冲饮方式由煎煮、点茶发展到散叶冲泡。随着饮茶方式的改变，茶具也不断发生着变化。

　　茶具又称茶器，泛指完成泡茶、饮茶全过程所需的器皿。（图3-2）现代龙泉青瓷茶器从功能角度可以分为11类：①主茶器，包括茶壶、盖碗；②公道杯；③茶杯；④壶承；⑤茶仓；⑥建水；⑦盏托、杯托；⑧快客杯；⑨把杯、盖杯；⑩盖置；⑪花插。以下简要介绍其中几种。

图 3-2　青瓷茶具 / 现代 / 造青

（1）茶壶与盖碗

茶壶，是茶饮冲泡的主角，也是最为大众所知的茶具器皿。龙泉青瓷茶壶根据壶把安装的角度不同，可以分为一侧提壶、侧把壶及提梁壶。第一种是一侧提壶，茶壶把手为耳状，与壶嘴呈一条直线，两者分别安在壶身的两侧，这类茶壶最为普遍；第二种是侧把壶，壶把手与壶嘴呈 90 度角安装在壶身上，单把微微向上；第三种是提梁壶，以壶把为提梁，横跨过壶身与壶嘴呈一直线。

茶壶造型大致有三个类别。第一类是仿生形，即模仿自然之物的外形来设计造型的茶壶，以植物类仿生为多，如柿子壶、瓜棱壶、梅桩壶、竹节壶等。（图 3-3）中国文化中许多自然之物被赋予了美好的寓意，比如竹节，代表着节节高升的愿望，也蕴

青瓷茶具（1）

图 3-3　仿葫芦形青瓷茶具 / 现代 / 造青　　　　图 3-4　几何形青瓷茶具 / 现代 / 造青

含着人们对高风亮节的追求，而柿子则包含着人们对生活"事事如意"的美好愿望。第二类是几何形，这类茶壶造型更具有现代设计的硬朗感觉。（图 3-4）圆形、方形、三角形，在茶壶设计中被非常广泛地使用着。第三类是艺术形，这类茶壶的造型设计体现了设计者的个性及个人情感的表达。设计者中也有将各种文化元素相结合来设计茶壶的，比如运用良渚文化中具有代表性的良渚玉琮的外形来设计茶壶，使传统文化与生活器物有机地结合在一起。

从工艺角度来看，茶壶的组成部件比较多，在设计制作龙泉青瓷茶壶的时候，一方面需要遵循龙泉青瓷的烧成工艺，另一方面也要注重整体造型的协调性，把各个组件合理地装置于壶身，使各部件成为有机的组成部分，使整体能够协调统一。

龙泉青瓷茶壶的装饰与材料特点紧密相关。龙泉青瓷本身釉装饰的美感已经达到一定的高度，粉青的釉色像天空一样纯净，也像美玉一般温润；梅子青的釉色苍翠欲滴，像南方春天的森林一般可以引人遐想。因此不附加其他装饰更能体现出龙泉青瓷茶壶的美感。当然也有运用传统装饰手法来创作茶壶的，如龙泉传统半刀泥刻划花装饰，此类装饰是建立在能够让龙泉青瓷青釉的颜色看起来更具变化的基础上的。刻划花使青釉在坯体上有厚薄变化，因而釉的青色就出现深浅

第二节　龙泉青瓷文创瓷

1. 青瓷文创品

（1）"文创"的概念

"文创"的概念从文字本义上来看，分为两个部分：一是文化。从狭义的角度来讲，文化指人们运用文字的能力及一般知识，即文化水平。从广义的角度来讲，它包含的范围很大，指人类在社会历史发展过程中创造的物质财富和精神财富，即指受到某群体广泛认知，并形成群体思想与行为系统的精神和物质内容，包括生活中的符号语言、人文精神、民族习惯、地方习俗等，如龙泉青瓷传统文化就是非遗类文化的一个代表。二是创意。从字面来看，是指创造意识或创新意识。它包括以创新的方式对原本存在的内容进行再解读与创造，和以创造的方式对原本不存在的内容进行发明。将创新意识介入龙泉青瓷文创，简单来讲，就是在原有形象的基础上进一步拓展龙泉青瓷产品的现代文化空间，使其能与当下人们的生活习惯与情感对接。创造意识，则是指根据龙泉青瓷的独特文化发明出新的龙泉青瓷产品形象。

总的来说，文创的概念就是在具备广泛受众并系统化的文化主题上，通过创新的方式进行再解读与创造的行为过程与相关产物。比如中国传统的十二生肖，是中国民间熟知的形象，每一年的生肖都会被诠释成不同的产品形象出现在广大群众面前。

龙泉青瓷文创产品有意思的地方在于，龙泉青瓷本身就是一种文化的代表，同时龙泉青瓷又是一种材料。因此龙泉青瓷文创产品具备了双重文化意义。以生肖文化为例，龙泉青瓷文化加上生肖文化，双重文化意义就体现在了一个产品上。（图3-7）

图 3-7　青瓷生肖杯 / 现代 / 龙泉玉德青瓷

（2）龙泉青瓷文创品的创意特点

在文化主题明确的情况下，如何发挥创意特点，重新从现代视角解读文化元素，使其更能与当下的文化相融合，创造出新的受大众认可的产品，是需要研究的地方。比如青瓷文创产品太极，以中国传统功夫文化中的太极功夫为元素，创造出生动的太极人物形象，作为摆件或者香插等现代人日常生活当中可以使用的器物，文化元素被人熟知，人物形象契合文化主题，创意特点明显。

（3）龙泉青瓷文创品的风格特点

青瓷文创产品在龙泉青瓷文化特有的文化属性下，本身就具有很强的辨识度，所以会比较侧重在产品类型上的考量。首先是产品分类，如茶桌摆件、音乐盒、U盘、车挂、首饰盒等。了解当下大众使用得比较普遍的产品类别有哪些，日常生活当中的必需品中能够使用陶瓷材料的有哪些，产品类型适合哪些阶层的受众，都是极有必要的。

青瓷文创品

其次是文化主题的分类，有普适型文化主题与潜力型文化主题之分。普适型文化主题，指已具备广泛受众认知与文化共鸣的文化主题，如文学名著、艺术名作、历史典故、著名人物、风景名胜、国宝文物等。例如孙悟空，在百姓心中一直具有极强的号召力。潜力型文化主题，指具备引发群体共鸣潜力的文化主题，如本土文化、非遗文化、时尚文化、亚文化等。龙泉青瓷就是非遗文化的一种。以生肖文化主题为例，龙泉青瓷在产品类型上具有很大的发挥空间，比如可生产青瓷生肖茶具、青瓷生肖挂件及摆件、青瓷生肖香插等等。（图3-8）

大家所熟知的"朕知道了"胶带，是台北故宫博物院文创中比较知名的产品，它是对清代皇家文化的解读，是以康熙书法为主题的幽默平面设计。胶带是大众普遍使用的产品，普通的胶带都是透明无色的，但加入了文化元素之后，普通的胶带会转化成有趣的物件而使它的价值不再等同于胶带本身。那么龙泉青瓷文创产品如何有机地结合其他文化元素，改良、发展、推陈出新，是需要我们共同学习与思考的问题。

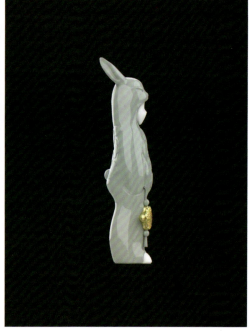

图 3-8　青瓷福兔生肖摆件 / 现代 / 造青

2. 青瓷首饰

龙泉青瓷最大的特点就是其釉质温润如玉。玉在中国是传统首饰的主要材料，它比贵金属作为首饰材料的历史还要久远许多。玉不仅材质美，更代表着中国传统文化的人文精神，也是中国古代帝王贵族身份地位的象征。儒家文化中"君子如玉"的品格象征，是玉的东方精神生动的物化体现。正是龙泉青瓷如玉的特征，使其在历史上拥有了无可替代的地位，而青瓷首饰在发展的最初阶段，正是利用了这个最为重要的特点。青瓷首饰按照其发展的阶段基本可以概括成三大类：龙泉青瓷古瓷片首饰、龙泉青瓷釉滴镶嵌首饰、龙泉青瓷创意首饰。下面我们来逐一讲解这三类龙泉青瓷首饰。

青瓷饰品

（1）龙泉青瓷古瓷片首饰

出于对古老陶瓷工艺的敬意，对古瓷片上如玉一般釉色的赞美，人们将具有宝贵历史价值的珍稀瓷片再次加工成时尚首饰，让古瓷片重新焕发出生机。宋代龙泉青瓷中造型经典的器皿，有双鱼洗、双鱼盘，即洗或盘的中间装饰有两条首尾相接的鱼。鱼的造型就来自龙泉溪里的小溪鱼的模样，生动活泼，隐于龙泉青釉之下，就好像在清水中游动戏耍，十分灵动可爱。这样的碎瓷片龙泉有许多，设计者将残片中的双鱼切割成圆形瓷片，再将瓷片经过边缘打磨处理，包上金银等贵金属材质的包边，制作成挂坠，便成为一件可以随身佩戴的首饰。由此，一些古瓷片中釉色肥美、苍翠欲滴的瓷片被切割成各种几何形，包边后成为老瓷片首饰。这一类首饰不仅保有古瓷片本身的文化特性及其内在的文化价值，视觉上也具有美玉的质感。将古瓷片特有的古朴本质与现代时尚有机结合，将古董活化到平常生活之中，成为龙泉青瓷古瓷片另一种全新的解读方式。

（2）龙泉青瓷釉滴镶嵌首饰

龙泉青瓷釉层肥厚，往往要多次上釉，使挂釉的厚度到达极限。正是这样一种厚釉烧成的方式，在高温烧制过程中，釉层流动下挂，甚至滴落到垫饼上，形成圆形如猫眼的釉滴，带给人们小小惊喜。这样的釉滴表面光滑，形状饱满，设计者起初意外获得这样的釉滴，只需磨平底面，就可以用金银等贵金属镶嵌包边，做成一件可与美玉媲美的釉滴首饰。此后发展成为专门烧制的釉滴，形状更加容易控制，釉色也更加丰富，釉质更为细腻。（图3-9）

图 3-9　青瓷釉滴镶嵌首饰 / 古由

（3）龙泉青瓷创意首饰

这类首饰是近几年发展起来的，跟前面所讲的两类不同。龙泉青瓷创意首饰需要经过设计者的精巧构思设计出图稿，按照龙泉窑的工艺流程制作烧成，再经过后期加工处理。其品种丰富，有项链、胸针、手链、戒指、耳环、挂件、扣饰等，发展出了一个完整的首饰体系。龙泉青瓷创意首饰不仅是工艺技巧的体现，更是传统的技艺、创新的想法、时尚的概念之间的一种平衡。（图3-10）

除了充分利用龙泉青瓷釉色的天然条件之外，龙泉青瓷创意首饰更多的是发挥出在造型和装饰上的变化。设计者对造型的把握和表面肌理的表现要有整体性的考虑，从龙泉青瓷材料美、装饰技法美，去探求人为装饰美与浑然天成的材质美、釉色美之间的平衡与统一，从有限中找到无限，使龙泉青瓷创意首饰在拥有材质美的基础上表现出传统文化之美。

龙泉青瓷创意首饰的表面装饰可从刻、划、画、釉等几个方面加以设计。（图3-11）表面纹饰处理方法有阳刻、阴刻、镂空、堆贴、黏结、印纹等。阳刻、阴刻可以在首饰表面刻划出与造型相适应的装饰纹样。镂空是指在形体的表面位置，按照设计好的图案挖出孔洞。孔洞的大小、形状和排列的方式不同，会产生风格各异的图案效果。镂空可使首饰在视觉上更加轻盈玲珑。堆贴是指在陶瓷首饰的坯体表面，堆积厚薄不等、面积大小不同、形状各异的泥点或泥片，青釉烧成后具有深浅不同的层次感，也可营造出浮雕效果。黏结是指根据设计稿件将大小不同、形状不一的泥料构件用泥浆进行黏合。印纹是指用模具印制出图案花纹，能更高效快速地生产。

图 3-10 青瓷创意首饰 / 郑研

图 3-11 刻、划装饰的青瓷挂件（左 吴红陈 / 右 付长勇）

第三节　龙泉青瓷艺术瓷

1. 青瓷材质韵味

龙泉青瓷材料不仅是构成物理形态的基础，更是传达艺术情感与理念的重要媒介。通过深入剖析材料语言，能够更好地理解艺术家在青瓷设计制作中的精妙构思。在青瓷创作中，材料的选择、处理及运用直接决定作品的最终面貌与韵味。不同的材料配比、烧制工艺，都会使青瓷器皿呈现出截然不同的视觉效果与触感体验。艺术家们通过对材料特性的深刻理解与巧妙运用，赋予每件作品独一无二的艺术魅力。

龙泉青瓷以其温润如玉的釉色著称，南宋时期的粉青釉和梅子青釉已达到极高的艺术成就。至今，龙泉青瓷主流创作中仍追求釉水肥厚、釉色青翠、釉质温润如玉的纯净美感。艺术家竺娜亚在龙泉青瓷的创作中，不仅传承传统技艺，更致力于挖掘材料美的多元表现。她常常问自己的是："该如何表现龙泉青瓷材料的美感？"这看上去像是一个很简单的思考，实际上，它需要在实践中不断地去探索、去感知。她的作品《明月几时有》（图3-12），通过传统堆塑工艺与青釉的结合，展现出细腻入微的结构之美。同时，她突破传统概念，以《渔归》《暮归》等作品（图3-13）探索泥土与釉料之间的呼应变化，利用泥条盘筑技法保留手制印迹，并运用推、捏、挤、压等动作将湿软的泥土堆叠出深浅不一的表面，使青釉在此之上产生错落之美。可以说是让泥土堆叠的节奏引导釉料产生自然的变化，釉的厚薄变化形成的光影，如微波荡漾的水面，也似远处青色的山林。

艺术家李俊在龙泉青瓷的创作实践中，巧妙融合自然主题与

图 3-12 明月几时有 / 竺娜亚

图 3-13 渔归、暮归 / 竺娜亚

材料语言的独特魅力。他的作品"盖罐""洗"等系列，以自然山水为灵感源泉，通过青瓷这一媒介展现造型与釉色的自然之美。在材料运用上，他尤为注重青瓷材料特质的展现与主题的契合，通过精细的选材与独到的工艺处理，使作品成为自然之美与人工之巧的完美结合。如《盖罐·碧水》（图 3-14）以山石为艺术形象，提炼出山石的神韵，与青瓷釉质和谐共生，营造出静谧深远的山水意境。再如《盖罐·秋韵》（图 3-15）、《盖罐·雨霁》等作品，更是将龙泉青瓷釉料与泥料的色彩与质感发挥到了极致，通过细腻的表现手法，将自然的秋意与雨后的清新气息生动地呈现出来，让人感受自然界的美丽与力量，同时也触发了人们思考人与自然如何和谐共存这一永恒的主题。

图 3-21　瓦猫 / 全敏瑛

尝试新材料、新工艺，挑战传统造型与现代审美的界限，力求让每一件作品都成为独特审美与情感表达的典范。个性化的艺术表现，是观念创新在青瓷创作中的重要体现。无论是造型上的突破、色彩上的革新，还是装饰手法上的创新，艺术家们都力求展现独特的审美视角和深厚的文化内涵，使作品在传承中焕发新的生机。

　　在传统观念中，陶瓷与其他材料的结合，往往是为了辅助实用功能或起到装饰作用。例如，定窑瓷器常在器物口沿包金、银，以装饰烧成中造成的无釉而质感粗糙的芒口。然而，在当今的青瓷创作中，艺术家们不再局限于传统的装饰手法，而是将不同材料有机地结合到作品中，使之成为作品不可或缺的一部分，寻求人与器物之间更多样化的互动与共鸣。以艺术家周莉为例，她以龙泉青瓷和木质材料的结合为创新点，创作了一系列"提盒"作品（图 3-22）。这些作品深受中国传统文化的影响，既保留了传统器物的韵味，又大胆创新，凸显出时代的语言和魅力。周莉的作品尤其注重不同材料之间的对话与融合，通过巧用材料装饰和精湛技艺，改变传统器物模式化的造型，演绎出融古出新的装饰新形态。同时，这种新颖的设计也改变了传统器物的使用方式，如提盒系列作品，使用者将装有菜肴的盘子放入提盒内，再拎或挎提盒上菜，这一看似复杂的过程，实则是一种精神上的享受。它让青瓷创作者和使用者产生共鸣，实现精神和物质的双重满足。

在青瓷茶具中，也不乏看到木材的配件，如茶杯垫、茶托等，它们成为青瓷茶具的辅助部分，但并未于真正意义上和茶具结合在一起，通常是一种硬结合，即不同材料非结构上的组合。随着技术的发展，青瓷制作者开始尝试陶瓷与木材的软结合，木材成为作品不可缺少的一部分，两种材料结合严谨，功能相辅相成，缺一不可。这类青瓷茶具样式美观，工艺独特，拿取方式与众不同，独具特色。周莉设计制作的茶具《茶韵》（图 3-23），打破了传统青瓷壶的使用方式，通过青瓷和巴西花梨木的结合，木把手不再采用半圆弧形，而是采用和壶嘴垂直的造型，并通过小的陶瓷零件将木头和壶身结合，造型独特，为品茶人提供更多样的使用方式。配套的茶杯，也是采用陶瓷与木头的有机结合，陶瓷部分青中带红，红中泛青，结合纹理或隐或现的巴西花梨木，整件作品不静不喧，质地温润。使用时，人的手不再直接接触瓷器，而是同木头接触，满足了作品带给使用者触觉、视觉和情感的新体验。

在高速发展的现代社会中，人们逐渐厌倦了工业化的艺术产品和千篇一律的

图 3-22 提盒系列作品 / 周莉

图 3-23　茶韵 / 周莉

青瓷作品。他们更加喜爱自然化、个性化、情感化、多元化的青瓷作品。这些富有思想和创意的青瓷作品，不仅为青瓷创作注入了新的活力，也传达出创作者的内心情感和精神追求。艺术家们通过泥、釉、火以及综合材料的多重魅力，构筑出独具匠心的作品，并通过作品连接起创作者与使用者的情感纽带，赋予青瓷新的表现和生命。

第四节　龙泉青瓷的文化价值

制器尚象，
寄托寓意

以物观物，
回归本源

简约平淡，
复归于朴

包含

包含

包含

造物思想

相关

文化内涵

艺术价值

包含

包含

包含

艺术成就

递进

包含

相关

文化价值

相关

技艺特征

包含

包含

瓷器的
形成条件

包含

包含　包含

龙泉
青瓷种类

青釉
配植技艺

相关

开片
控制技术

相关　　　相关

青瓷
烧成技术

相关

厚釉
装饰技术

知识图谱：龙泉青瓷价值

龙泉青瓷价值

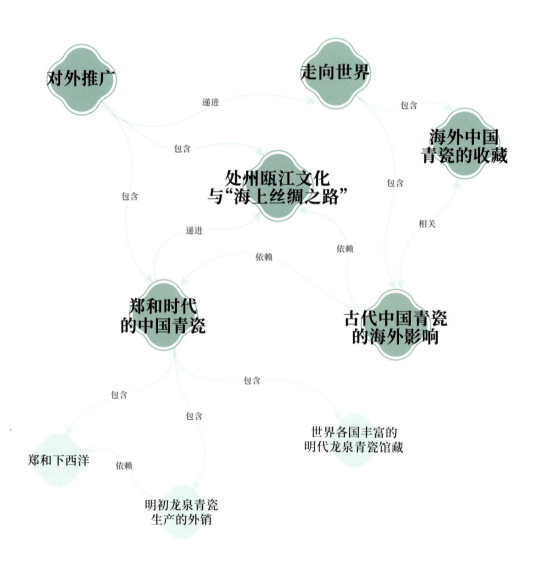

对外推广

走向世界

海外中国
青瓷的收藏

处州瓯江文化
与"海上丝绸之路"

郑和时代
的中国青瓷

古代中国青瓷
的海外影响

郑和下西洋

世界各国丰富的
明代龙泉青瓷馆藏

明初龙泉青瓷
生产的外销

递进　包含　包含　递进　依赖　依赖　相关　包含　包含　包含　依赖

知识图谱：龙泉青瓷"一带一路"

1. 青瓷的文化内涵

青瓷有着"青如玉，明如镜，声如磬，薄如纸"的美誉。青瓷在中国陶瓷史和世界陶瓷史上有着重要的意义。

龙泉青瓷有着精湛技艺，国际陶协原主席珍妮特·曼斯菲尔德就说过："青瓷的唯美釉色是国际陶瓷的标杆。"如此高的评价，离不开青瓷悠久的历史文化。国人对青瓷材质的亲近感和认同感与生俱来，这些都促进了青瓷产业的发展。宋代是中国陶瓷制造的一个高峰期，主要表现为官窑、民窑两大系统的蓬勃发展，出现了"官、哥、钧、定、汝"五大历史名窑及越窑、龙泉窑、建窑、景德镇窑、定窑、磁州窑、耀州窑、钧窑等八大窑系。在南宋，龙泉窑登上了青瓷发展史的巅峰。龙泉青瓷在其发展过程中形成了青釉配制、厚釉装饰、青瓷烧成、开片控制四大独特传统烧制技艺；配制出粉青、梅子青的精美釉色；掌握了素烧和多次施釉的工艺技术，以厚釉装饰来达到如玉的审美效果；龙窑烧成中，窑工们熟练掌握了用肉眼判断窑内温度、气氛的火控技术，甚至能在最长约97米的龙窑中烧制数以万计的大批量瓷器；掌握哥窑开片控制技术，使材质美、自然美、装饰美达到了完美的结合。以这种高超技艺生产出来的高品质青瓷，备受人们推崇和珍爱，供不应求。龙泉窑在元、明时期迅速扩张，大量出口，其窑业之盛、分布之广、技艺之精、产量之丰、延续之久、影响之大，令人叹为观止。

青瓷，有着一股"君子气质，东方意境"，其内在强大的生命力源于人文精神的有力支撑。青瓷散发着温文尔雅、超凡脱俗的气质，形成了温润、沉静、典雅、清远的审美特征。其中凝聚了儒家、道家、禅宗等传统文化思想，将中国传统自然观与人文精神高度地统一起来，体现出典型的东方美学意境。

孔子云："夫玉者，君子比德焉。"在中国传统文化中，玉被儒家诠释为具备道德内涵的特殊性，进而赋予其仁、智、礼、义、信五德的道德含义。这种高尚的品德对后世产生了深远的影响，尤其在宋代，几乎到了登峰造极的程度。青瓷之美，绚烂至极，又归于平淡，与玉的品质极为吻合。所以，比德尚玉是青瓷的核心审美价值取向。所谓比德，是指自然物的某些特点使人联想起人的道德属性，成为人的道德品格、情操的象征，因此赋予自然物以道德意义。

青瓷具有"玉"所具有的温文尔雅、坚贞不屈的高尚品质。这不仅是一种道德情操上的锤炼，更是一种人格上的审美。古人把玉当作审美对象，赞叹并欣赏其"宁为玉碎，不为瓦全"的坚强品质，喜爱它温润光洁的外表。

因此，玉器为一代又一代文人所钟爱。青瓷的产生从某种程度上替代了玉的审美职能。青瓷发展到宋代，窑工们为使青瓷呈现如玉一样的效果，在制作工艺上进行了大量的改良提升。釉是青瓷之魂，釉色之中饱含着窑工们对大自然独到的感悟，也体现了"天人合一"的文化观念。

纵观历代青瓷产品，器物造型流畅和谐，形体变化伸缩适度，左右对称均衡，主次明确，比例匀称，刚柔相济，体现着一种圆满中和的美。青瓷既注重材质本身的自然，同时也极为重视作为主体的人的介入。平淡简约、如冰似玉的青瓷风格正是两者的完美结合。（图3-24）因此，青瓷的品格既得益于龙泉的青绿山水和质朴的材料，也得益于巧夺天工的青瓷技艺及人文精神的倡导。

中国青瓷的每个窑系，基本都是一个庞杂、深厚的青瓷文化集成。无论在造型还是装饰上，都体现出传统哲学思想、宫廷审美、民间信仰的相互碰撞和相互

图 3-24　福 / 许群

影响。以南宋皇宫青瓷礼器为例，琮式瓶、鬲式炉等的造型，大多源自商周的青铜器，体现了南宋王朝渴望收复江山的意愿和固守汉文化的心理。宗教、植物、动物、人物、文字等各类装饰纹样，题材广泛、内容丰富、内涵深刻，反映出不同时期的社会心理，折射出不同的生活情趣和审美理想。

📹中国青瓷的
文化内涵

文人们反复用"千峰翠色""雨过天青""嫩荷涵露"等来形容青瓷，其中包含的美学意蕴，恰恰与中国的文化精神相契合。那碧绿清澈的色彩，和谐匀称的器形，给人以"山色空蒙雨亦奇"的美感，古典含蓄，温润纯净，看似简朴，实则细节饱满、耐人寻味，这就是中国青瓷无限的文化内涵所在。

2. 青瓷的海外收藏

全球各地都分布有龙泉青瓷。日本是海外收藏龙泉窑青瓷最多的国家，收藏的青瓷品质也堪称一流。这与日本自古以来便有收藏中国瓷器的历史有关，另外也与日本文化对青瓷的喜爱相关。近代以来，日本通过战争掠夺和商业贸易等途径获得了大量的龙泉窑青瓷精品，现在东京国立博物馆、大阪市立东洋陶瓷美术馆、根津美术馆都有丰富的龙泉窑青瓷收藏，一些社寺、财团也有数量不少的龙泉窑青瓷藏品，民间个人也有丰富的等次不一的龙泉窑青瓷收藏。这里以列入日本国宝的三件龙泉窑青瓷为例说明龙泉窑青瓷在日本的质量和价值。

国宝是日本最高等级的文物，一般不允许出国展览。被定为日本国宝的中国瓷器总共有 8 件，其中 4 件为建窑天目釉碗，3件为龙泉窑，1 件为吉州窑茶盏。3 件龙泉窑青瓷分别为青瓷下芜花生、青瓷凤凰耳花生（图 3-25）、飞青瓷花生。青瓷下芜花生是南宋龙泉窑青釉直颈瓶，青瓷凤凰耳花生是南宋龙泉窑青釉凤耳瓶，飞青瓷花生是元代龙泉窑青釉褐斑玉壶春瓶。除三件国

图 3-25　元代 / 飞青瓷花生 / 现藏于日本大阪市立东洋陶瓷美术馆

中国青瓷的
海外收藏

宝外，日本的东京、京都、奈良等国立博物馆中也都收藏有大量
的龙泉窑青瓷。

　　由于日本茶道仪式中对龙泉窑青瓷的喜爱，龙泉窑青瓷作为
茶碗和茶室中的观赏物而被大量采购，龙泉窑青瓷在日本有除中
国之外世界最大的储藏量。"马蝗绊"其实是一只有锔钉修补的
南宋龙泉窑青瓷棱口碗，曾是足利义政（1436—1490 年）将军
旧藏，现藏东京国立博物馆，被定为日本"重要文化财"（日本
物质文化遗产的等级分类表示方式，是指历史、文化等价值特别
高的文物），属于第二等文物。据伊藤东涯（1670—1736 年）的
《马蝗绊茶瓯记》（1727 年）载，该碗是平安时代平重盛（1138—
1179 年）将军布施宁波阿育王寺时，高僧佛照禅师（1121—1203
年）的回赠礼物。该碗流传到室町时代足利义政将军手中时，碗
有开裂，足利义政派人持碗回中国原样采购。可惜当时明中期的
窑工已经无法再烧制出同样的粉青釉色，只能将其打上锔钉送

回。因铜钉的形状有如一只只大蝗虫趴在碗上，故名为"马蝗绊"。日本另有一只龙泉窑青瓷斗笠碗也被打了铜钉，因形状类似蛟龙，故有"雨龙"之称。该碗是鹿苑寺名僧凤林和尚在宽永七年（1630 年）所得。这些加了铜钉依然传承至今的龙泉窑青瓷，体现了日本人对龙泉窑青瓷和中国器物的厚爱。一是因为器物本身之美，另外也是器物在流转中的人情故事加深了器物的内涵和意义而为后人所重，这也是艺术价值随时空的流转而无限增长的典型案例。

英国东方博物馆隶属于杜伦大学，作为英国的东方文化研究中心，有着丰富的中国艺术收藏。东方博物馆的龙泉窑青瓷主要来自马尔科姆·麦克唐纳和其他私人捐赠者，现共藏有 33 件龙泉窑青瓷，主要是宋、元、明三朝的典型器型。东方博物馆的龙泉窑青瓷藏品作为中国陶瓷的代表在展示中国陶瓷历史、制瓷技术、物质文化及传播和促进跨文化交流等方面起着重要的作用。

3. 青瓷的海外影响

2019 年 7 月 15 日，"天下龙泉——龙泉青瓷与全球化"展览在故宫博物院斋宫、景仁宫开幕。展览以龙泉青瓷为视角，阐述中外文化的交流、互鉴与发展，共展出来自 42 家国内外文博机构的文物 833 件（组）。这次展览围绕龙泉青瓷立体化地展现出宋、元以来陆上及海上陶瓷之路的兴盛发达。从展览的展品中，我们可以看到中国青瓷对海外的影响。

从考古发现看，出土龙泉青瓷的宋、元、明时期遗址遍布全球各地。同时，作为宋、元、明时期中国对外输出的主要商品之一，龙泉青瓷也出现在陆上和海上丝绸之路沿线的大部分国家和地区。在东亚、东南亚、南亚、中亚、西亚、北非、东非、南非和欧洲部分国家与地区，大量的遗址都出土有龙泉青瓷，而且很多国家也有龙泉青瓷完整器传世。这意味着，龙泉青瓷不仅在中国享有盛誉，在全世界范围内的流布和使用情况也很壮观。

由于海内外市场对龙泉青瓷需求的增加，大量陶瓷器外销在给中国带来巨额收入的同时，也刺激了中国陶瓷生产的社会分工、地域分工。中国福建、广东等地大量仿烧龙泉青瓷并用于外销，促进了中国陶瓷经济与世界经济的融合。以龙泉青瓷为代表的中国陶瓷经济处在当时世界经济链条中的上游。

同时，从12世纪到20世纪，越南、泰国、缅甸、伊朗、埃及、叙利亚、土耳其、日本、英国等国家的窑场也纷纷仿烧龙泉青瓷。他们或以自身釉陶技术模仿龙泉青瓷的釉色、器形和纹饰，或全面学习龙泉窑的制瓷技术。世界各地的窑场，以当地的技术与中国龙泉青瓷生产技术的交融、互鉴，实现了仿龙泉青瓷的生产，和从产品到文化的交流，形成了一波影响广泛的早期全球化进程。

宋代，在"市舶之利以助国用"的政策激励下，中国瓷器大规模输出。浙江省文物考古研究所在龙泉金村考古时发现宋代运瓷码头，长度达100多米，古代龙泉窑瓷器通过金村码头沿瓯江源源不断地销往海外。宋、元、明时期，龙泉青瓷是我国瓷器外销中最大宗的主流产品，在韩国"新安沉船"中打捞出上万件龙泉青瓷，在"南海一号"沉船中也发现大量龙泉青瓷。郑和时代，龙泉青瓷作为赏赐品，赠送给沿途各国皇宫，远销亚、非、欧等30多个国家和地区。宋代以后瓷器的外销，尤其青瓷的外销主要是龙泉青瓷。海上丝绸之路的起点，也可以说是龙泉窑外销的起点。除了龙泉一带，境外像日本以及东南亚的泰国、越南、缅甸、老挝、柬埔寨一带，再到西亚的叙利亚、伊朗，一直到北非的埃及等，大量地发现龙泉青瓷。

在世界各地的古遗址、古墓葬中，出土了许多宋、元瓷器，其中龙泉青瓷占了很大的比重。韩国出土的龙泉青瓷，以新安海底发现沉船所打捞出来的为多，在1万多件瓷器中，龙泉窑系瓷器多达9842件。在西亚波斯湾沿岸诸遗址，龙泉青瓷遍布各处。沿丝绸之路的伊朗马什哈德清真寺附近博物馆，陈列着完整的中国陶瓷器，以元代的龙泉窑青瓷大钵为主。伊朗德黑兰国立考古博物馆陈列着近10件从呼罗珊地区发现的宋、元、明等各朝

中国青瓷的
海外影响

代的龙泉青瓷钵和碗，特别精致的是南宋带棱大钵和篦雕牡丹纹钵。伊拉克瓦西特出土有外侧用菱格纹装饰的南宋钵，器物基本完整而又漂亮。叙利亚的哈马遗址发现了龙泉青瓷碎片，其中有内侧中央贴附花形纹的元钵残部。土耳其托普卡比宫博物馆陈列着 13—14 世纪前半叶的龙泉青瓷钵和碗。在这些青瓷的内侧中部贴满了饼干大小的菊花形图案。在非洲发现的中国古瓷中，宋、元时期的龙泉青瓷最多。埃及福斯塔特遗址出土有大量 11—15 世纪的龙泉青瓷，典型器有北宋内壁刻划缠枝花纹。苏丹的埃得哈布港也发现有龙泉青瓷。东非被誉为中国瓷的储仓，如肯尼亚格迪大清真寺遗址附近就出土 305 件（片）中国古瓷，其中的青瓷主要是龙泉窑产品。肯尼亚蒙巴萨地区出土有许多青瓷，器型主要是小碗和盘，釉色浅青，均属龙泉青瓷。以上所举，还只是各地出土中国青瓷的一部分。

意大利的罗马国立东方艺术博物馆、法恩扎国际陶瓷博物馆等世界各大博物馆都收藏有中国古代龙泉青瓷，并以此为荣。龙泉窑产品在参与开拓"海上丝绸之路"中发挥了重要的作用，在世界商贸、文化交流等方面对人类产生了至深的影响。

知识拓展

名家访谈：大师气象

1. 龙泉青瓷艺术名家访谈录——徐朝兴

2. 龙泉青瓷艺术名家访谈录——陈爱明

3. 龙泉青瓷艺术名家访谈录——卢伟孙

4. 龙泉青瓷艺术名家访谈录——汤忠仁

5. 龙泉青瓷（同济大学、丽水学院、中国金融信息中心联合出品）

6. 龙泉博物馆三维全景图

龙泉青瓷艺术　　　　龙泉青瓷艺术　　　　龙泉青瓷艺术
名家访谈录——　　　名家访谈录——　　　名家访谈录——
徐朝兴　　　　　　　陈爱明　　　　　　　卢伟孙

龙泉青瓷艺术　　　　龙泉青瓷（同济　　　龙泉博物馆
名家访谈录——　　　大学、丽水学院、　　三维全景图
汤忠仁　　　　　　　中国金融信息中心
　　　　　　　　　　联合出品）

《龙泉青瓷艺术赏析》这本教材，不仅是对中国传统文化的深入挖掘与传承，更是对文化自信自强的一次生动实践。

青瓷，作为中国陶瓷艺术的瑰宝，承载着千年的文化底蕴和艺术智慧，其独特的制作工艺、丰富的艺术表现形式以及深厚的文化内涵，都是中国人文化自信的重要源泉。在本教材中，我们力求通过详尽的历史渊源追溯、生动的制作工艺解析以及深刻的艺术价值探讨，使读者能够全面而深入地了解青瓷艺术的魅力所在。

在编写过程中，我们深刻认识到，文化自信自强不仅是对传统文化的简单继承，更需要在新的时代背景下进行创新性转化和发展。为全面贯彻落实党的二十大提出的"推进文化自信自强，铸就社会主义文化新辉煌"的重大任务，《龙泉青瓷艺术赏析》第二版不仅更加深入地挖掘和展示中国青瓷艺术的独特魅力，为推进文化自信自强贡献力量，还尝试结合现代审美观念和科技手段，专门设计知识图谱对青瓷艺术进行新的诠释和呈现。我们希望通过这种方式，激发更多人对青瓷艺术的关注和热爱，进而推动其在当代社会的传承与发展。

同时，我们也清醒地看到，青瓷艺术的传承与发展离不开国际视野的拓展。在全球化的今天，文化交流互鉴已成为不可逆转的趋势。因此，在教材中我们还特别注重青瓷艺术在国际上的传播与影响，介绍了青瓷如何通过古代海上丝绸之路等渠道走向世界，以及其在国际文化交流中的重要地位。我们希望通过这些内容的介绍，增强读者对中华文化的认同感和自豪感，同时也为推动中华文化更好地走向世界贡献一份力量。

展望未来，我们深知任重而道远。在全面建成社会主义现代化强国的新征程上，我们将继续秉承文化自信自强的理念，深入挖掘和传承包括青瓷艺术在内的中华优秀传统文化，努力铸就社会主义文化新辉煌。我们期待《龙泉青瓷艺术赏析》这本教材能够成为广大读者了解青瓷艺术、感受中华文化魅力的桥梁和纽带，为推进文化自信自强推波助澜。

本教材是浙江省"十四五"普通高等教育本科规划教材项目、浙江省普通高校"十三五"新形态教材项目、全国普通高校中华优秀传统文化传承基地——青瓷基地以及2011年浙江省龙泉青瓷协同创新中心的成果，也是国家级一流本科课程"中国青瓷艺术鉴赏"的配套教材。编写这样一本教材，我们备感荣幸，也深感压力。由于时间仓促，教材中尚存诸多有待解决的问题与不足，疏漏之处在所难免，希望使用本教材的师生提出宝贵的意见和建议，同时也衷心欢迎同行专家不吝指教。

《龙泉青瓷艺术赏析》编撰团队

2025 年 4 月